Schach bei franckh

Stefan Bücker

Das neue Königsgambit

Ein Angriffsprogramm
für Weiß

Franckh'sche
Verlagshandlung
Stuttgart

franckh

Mit 101 Diagrammen im Text

Umschlaggestaltung von Kaselow Design, München, unter Verwendung eines Dias von Uwe Höch. Das Bild zeigt die nach 1.e4 e5 2.f4 entstandene Stellung des Königsgambits.

Lektorat: Siegfried Fischer, Stuttgart

CIP-Kurztitelaufnahme der Deutschen Bibliothek

Bücker, Stefan:
Das neue Königsgambit: e. Angriffsprogramm
für Weiß / Stefan Bücker. — Stuttgart:
Franckh, 1986.
(Schach bei Franckh)
ISBN 3-440-05692-9

Franckh'sche Verlagshandlung, W. Keller & Co., Stuttgart/1986

L 9 Fi H vk / ISBN 3-440-05692-9
Printed in Germany / Imprimé en Allemagne
Fotosatz und Diagramme: Werbeservice M. Gluth, Kelkheim 2
Herstellung: Wilhelm Röck, Weinsberg

Das neue Königsgambit

Seite

Vorbemerkungen

Die Eröffnung **1.e4 e5 2.f4** nimmt in der Schachtheorie eine Sonderstellung ein; ihr Name „Königsgambit“ steht für wagemutiges (draufgängerisches?) Eröffnungsspiel. Gewiß entstehen gefahrvolle und unübersichtliche Positionen auch aus anderen Einleitungszügen, doch eine vergleichbare Fülle an taktischen Möglichkeiten (für beide Parteien) wird nirgends sonst erreicht. Wegen der zahlreichen interessanten kombinatorischen Ideen wurde das Königsgambit schon frühzeitig zum Gegenstand theoretischer Untersuchungen und zählte im vorigen Jahrhundert zu den beliebtesten Eröffnungen. Der internationale Turnierbetrieb, der gegen 1900 aufkam, führte jedoch einen Wandel hinsichtlich des Eröffnungsgeschmacks herbei: Mit den weißen Steinen scheute man allzu große Risiken und bevorzugte verläßlichere, durchsichtige Aufbauten, wo der Vorteil des Anzuges deutlicher in Erscheinung tritt als in den Tumulten des Königsgambits. Im Turnierspiel kommt es in hohem Maße darauf an, sichere Erfolge über schwächere Gegner zu erzielen; es ist also eine sehr natürliche Tendenz, anstelle von Königs- oder Evans-Gambit beispielsweise die Spanische Partie oder das zahme Damengambit anzuwenden. Im Spitzenschach verlor das Königsgambit an Bedeutung, doch unter den „Amateuren“ hat es stets Anhänger aufzuweisen gehabt: 1903, 1912 und 1914 wurden beispielsweise spezielle Gambitturniere ausgerichtet, um das von vielen vermißte „feurige“ Gambitspiel wieder aufleben zu lassen. Die Großmeister, die einem bequemen (aber auch notwendigen) Schachpragmatismus huldigten, bezichtigte man sogar der Feigheit. Das mag jene bewogen haben, mehr und mehr gegen das Königsgambit Stellung zu beziehen und die damals aufkommenden „modernen“ Bekämpfungsarten mit d7-d5 nachdrücklich zu empfehlen, wenn nicht gar zu Widerlegungen des Königsgambits zu erklären (Dr. Tarrasch). Auf ernsthaften Widerspruch stießen diese Behauptungen zunächst nicht, zumal die klassische Behandlung 2. . . .exf4 3.Sf3 g5 auch keine für Weiß besonders günstigen Resultate zu liefern schien. Auf Dauer konnte es jedoch kaum ausbleiben, daß das Interesse am Königsgambit neu erwachte. Um 1940 waren es Keres und später Bronstein, welche frische Angriffsideen zutage förderten; in den 60er Jahren hat vor allem Spasski mit beeindruckenden Partien zur heutigen **Renaissance des Königsgambits** viel beigetragen. Die Korrektheit des Bauernopfers wird heute kaum mehr in Frage gestellt (anders als im 19. Jahrhundert, zur Zeit der größten Beliebtheit). Eine große Zahl an Publikationen ist seit 1970 über 2.f4 erschienen; einigen Autoren sind wesentliche Verstärkungen zu verdanken (Glaskow!).

Mit der Anwendung von 2.f4 ist ohne Zweifel ein Überraschungseffekt verbunden, doch sprechen für das Königsgambit noch weitere gewichtige Gründe:

a) Die Spanische Partie (2.Sf3 Sc6 3.Lb5) ist mittlerweile so ausanalysiert, daß sich das Königsgambit dagegen geradezu wie eine kaum erschlossene Varianten-Wildnis ausnimmt.
b) In den letzten Jahrzehnten gelang es, in wichtigen Varianten den Angriff zu verstärken. Die um die Jahrhundertwende als besonders unangenehm geltenden Verteidigungen mit d7-d5 haben Federn gelassen.
c) Eine Spezialisierung auf unterschätzte und wenig bekannte Eröffnungen bringt erhebliche Terrainvorteile mit sich.
d) Das Königsgambit wird die Popularität der Spanischen Partie in nächster Zukunft wohl kaum erreichen können; ein Eröffnungsrepertoire mit 2.f4 bedarf daher nicht der ständigen Aktualisierung.

Der Titel dieses Buches lautet **„Das neue Königsgambit“.** Der Zusatz „neu“ soll auf die großen Unterschiede zum Stand des Königsgambits etwa im Jahr 1900 hinweisen:
A) Die Einschätzung vieler Varianten hat sich durch Neuerungen geändert, was mitunter eine Umbewertung ganzer Teilstrukturen herbeiführte. (Bei „solideren“ Eröffnungen sind die Auswirkungen naturgemäß weniger drastisch.)
B) Man steht heute positionellen Bauernopfern in der Eröffnung wohlwollender gegenüber (Benkö-Wolga-Gambit!) — die Stichworte „dynamischer Stil“ oder gar „ultradynamischer Stil“ gehören hierher. Das Gambit 2.f4 verfolgt offensichtlich eine positionell-langfristige Zielsetzung: Nach 2. . . .exf4 erhält Weiß ein kräftiges Bauernzentrum e4/d4.
C) Dieser positionelle Aspekt des Königsgambits (Mehrheit im Zentrum) tritt besonders nach 2. . . .exf4 3.Sf3 **d5/Sf6/Le7** (Kapitel IV-VI) hervor. Jene relativ jungen Teilsysteme waren in der ersten Hälfte unseres Jahrhunderts die beliebtesten Verteidigungen gegen 2.f4, denn das rasche d7-d5 schien einen mühelosen Ausgleich zu garantieren. Gerade in diesen gezielt vereinfachenden Abspielen beurteilt man neuerdings die weißen Aussichten viel optimistischer („ein kleiner, aber dauerhafter Vorteil“).
D) Es lassen sich schon erste Anzeichen für eine „Abwanderungstendenz“ aus den in „C“ genannten, modernen Verteidigungsvarianten beobachten — viele Großmeister bevorzugen wieder die alten **Klassischen Strukturen** 2. . . .exf4 3.Sf3 g5 (3. . . .d6), also jene für 2.f4 eigentlich charakteristischen und komplizierten Stellungsbilder, welche bis etwa 1850 vorherrschend waren.
E) Eine weitere interessante Tendenz: Vereinzelt tauchen „hypermoderne“ Ideen auf, wie 2. . . .Dh4†, 2. . . .Lc5 3.Dh5 oder 2. . . .Df6.

Inhalt und Aufbau des Buches: Das „romantische“ 2.f4 mit seinen ursprünglichen, unkomplizierten Angriffsplänen regt weniger zum Theoretisieren als vielmehr zum eigenen Ausprobieren am Schachbrett an. Um diesen besonderen Reiz einer sehr lebendigen Eröffnung nicht unter einer Flut von Varianten zu verschütten, hat sich der Verfasser für eine selten gebrauchte Darstellungsform entschieden. Sie sollte möglichst praxisnah sein (ruhig auch ein bißchen subjektiv), mit einem Maximum an partierelevanter Information:

a) Behandelt wird eine **Auswahl für Weiß.** Ein Beispiel: In Kapitel IV fehlen die (schwächeren) Alternativen zu 5.Lb5†; die Analyse von 5.Lb5† ist dann recht ausführlich.

b) Die Gründe für die Auswahl werden meist erläutert.

c) Verbesserungsvorschläge und Anregungen zeigen: Hier finden noch Veränderungen statt. Ferner: eingefügte Partien, Fazit.

d) Wie die Entwicklung der einzelnen Abspiele verlaufen ist, wird jeweils am Kapitelanfang kurz skizziert. Die Wurzeln und Wachstumsrichtungen zu kennen, trägt nach Ansicht des Verfassers zu besserem Verstehen einer Eröffnung bei. Das Königsgambit hat eine 400jährige Geschichte hinter sich, voller Modeströmungen, Widerlegungen und Kehrtwendungen; in dieser Hinsicht wird es von keiner anderen Eröffnung auch nur annähernd erreicht.

e) Gegenwärtig aktuelle Varianten sind ausführlicher behandelt als in Vergessenheit geratene Verteidigungen (z. B.: 2. . . .exf4 3.Sf3 f5). Man könnte die vorliegende Abhandlung vielleicht als „ausgewogen komplettes Behandlungsprogramm für den Anziehenden" bezeichnen — je größer die praktische Bedeutung einer Variante, desto mehr Details wird man vorfinden.

Als Grundlage diente die Artikelserie des Verfassers, **„A Personal Approach to the King's Gambit"**, veröffentlicht in **„The Myers Openings Bulletin"** (1983/84), der Zeitschrift des amerikanischen Theoretikers H. E. Myers.

Zur Methode: Es wird durchgehend die abgekürzte Notation („1.e4") verwendet. Bei den Stellungsbildern erscheint stets die am Zuge befindliche Partei im Diagrammvordergrund; dies macht eine wichtige Teilinformation leicht zugänglich.

Gebräuchliche Abkürzungen und Symbole:

Die Internationalen Beurteilungssymbole: +— (—+) Weiß (Schwarz) steht auf Gewinn, ± (∓) Weiß (Schwarz) ist deutlich im Vorteil, += (=+) Weiß (Schwarz) steht etwas besser, = Ausgleich, ∞ unklar.

Resultatsmitteilung nicht vollständig wiedergegebener Partien:

(=, 66)	Remis nach 66 Zügen
(1:0, 155)	Weiß gewann (schließlich) in 155 Zügen
(0:1, 20)	Schwarz gewann in 20 Zügen

Ferner:

ECO	steht für „Enzyklopädie der Schacheröffnungen",
E/G	für „Estrin/Glaskow".
Korr.	Korrespondenz (Fernschach)

Kommentar- und Sonderzeichen:

!	Guter Zug
!!	Sehr guter Zug
?	Schlechter Zug
??	Grober Fehler
?!	Zweifelhafter Zug
!?	Interessanter Zug
†	Schach
e.p.	en passant (Schlagen im Vorbeigehen)
#	Matt

Kapitel I
Die klassische Ablehnung 2. . . .Lc5

Bereits im Werk des Ruy Lopez (1561), der als erster das Königsgambit analysierte, finden wir 2. . . . Lc5 erwähnt. Nach c5 entwickelt, beherrscht der Läufer die geschwächte Diagonale a7-g1 und behindert nachhaltig die weißen Angriffspläne (z. B. die kurze Rochade mit Angriff gegen Punkt f7). Im allgemeinen sucht daher Weiß jene lästige Leichtfigur zu „neutralisieren“ (etwa mit Sc3-a4, d2-d4 oder Lc1-e3), während Schwarz sich in naheliegender Weise weiter entwickelt.

Dieser so einfache und natürliche Plan war in besonders geringem Maße jenen Modeströmungen der Schachtheorie unterworfen, die gerade im Königsgambit immer wieder zu sprunghaften Bewertungsverschiebungen geführt haben. Zu allen Zeiten war man sich freilich auch der Grenzen der vorliegenden Methode bewußt — dem Erhalten der operativen Einheit Lc5/Be5 hat sich der ganze schwarze Aufbau unterzuordnen, und an eigene Angriffsaktionen darf der Verteidiger zunächst kaum denken.

Daher galt 2. . . .Lc5 meist als „gesicherte Rückzugslinie“, und die eigentliche theoretische Schlacht zwischen Anhängern und Gegnern des Königsgambits tobte anderswo. Als nach der Jahrhundertwende jedoch die Aktien des Falkbeer-Gegengambits (2. . . .d5) zu steigen begannen und dem „letzten Königsgambit-Ritter“ Rudolf Spielmann in zahlreichen Partien Erfolge gegen 2. . . .Lc5 gelangen, geriet das System allmählich in Mißkredit. So nannte es der zu Übertreibungen neigende Tartakower 1925 gar „alt und schlecht“, denn: „Die Initiative am Königsflügel rollt immer bedrohlicher heran.“

Der heutige **Stand der Theorie**: Weiß kann mit einem dauerhaften (wenn auch kleinen) Vorteil rechnen.

Einige typische Beispiele:

Diagramm 1

Stellung nach 2. . . .Lc5

3.Sf3 d6 (3. . . .Sc6?! wird in Kapitel III behandelt) 4.Sc3 Sf6 5.Lc4 Sc6 6.d3 Lg4 (6. . . .a6 bewahrt zwar den Läufer, verliert dafür aber wertvolle Zeit, z. B. 7.fxe5 dxe5 8.Lg5 oder 7.Sg5 0-0 8.f5 Sa5 9.Lxf7† Txf7 10.Sxf7 Kxf7 11.g4, E. Adams) 7.Sa4 (7.h3!? Lxf3 8.Dxf3, und nun nicht 8. . . .Sd4 9.Dg3!, sondern 8. . . .exf4 Svenonius 9.Lb5! 0-0 10.Lxc6 bxc6 11.Lxf4 = Rubinstein) 7. . . .Lb6! (vielleicht am besten) 8.Sxb6 axb6 9.c3 exf4 10. Lxf4 Sh5 11.Le3 Se5 *Zukertort – Anderssen,* Leipzig 1877, und nun 12.Lb3 Lxf3 13.gxf3 **Dh4†** 14. Kd2! (E/G) mit weißem Vorteil, präziser jedoch scheint **13. . . . Df6!** 14.0-0 Sf4 15.Lxf4 Dxf4 16. d4 Sg6 17.Dc1 Dxc1 18.Taxc1 Sf4, z. B. 19.Tc2 Ta5 mit guten Aussichten auf ein Remis.

Recht aufschlußreich sind die folgenden **unregelmäßigen Methoden** zur Bekämpfung des Lc5: 3.Sf3 d6, und dann

a) **4.b4?!** Lb6! 5.c4!? (bereits versucht wurden auch 5.Lb2 und 5. d4) 5. . . .Lg4! (5. . . .a5 6.c5; 5. . . .Sc6 6.fxe5 Sxb4 7.d4! Lg4 8.Da4† c6 9.Lg5! +— Schubert) 6.Lb2?! f6? (Die Widerlegung war 6. . . .Sc6! 7.fxe5 Ld4! 8.Lxd4 Sxd4 9.Le2 Lxf3 10.Lxf3 dxe5 ∓ Schubert) 7.Sa3 a5?! 8.b5 Se7 9.h3 Lxf3 10.Dxf3 ± *Kindermann – Werner,* München 1978.

b) **4.d4!?** exd4 5.Ld3 („Thorold-Variante", Dahlgrün. Nicht 5.Sxd4? Sf6 6.Sc3?! Sxe4 7.Sxe4 De7 oder 6.Dd3 0-0).

(s. Diagramm 2)

Diagramm 2

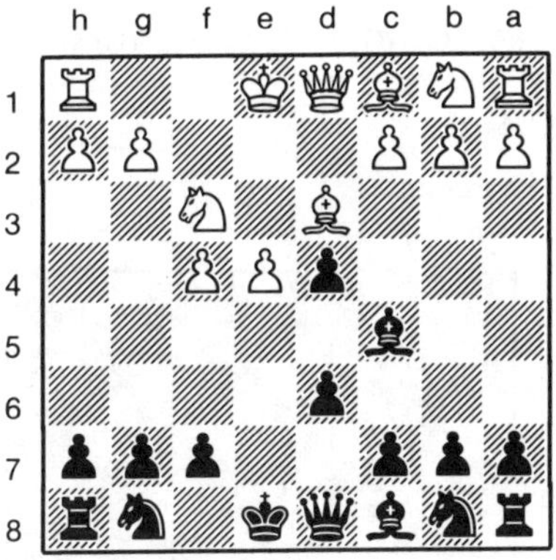

Stellung nach 5.Ld3

Wie auch in Nimzowitschs „Blockadegambit" 1.e4 e6 2.d4 d5 3.e5 c5 4.Dg4!? cxd4 fehlt es Schwarz an Ansatzpunkten für öffnende „Hebel" (falls d6-d5, so e4-e5), und Weiß verbindet seine Aktionen (auf beiden Flügeln) mit Drohungen gegen Bauer d4: 5. . . .Sf6 6.0-0 Lg4 7.h3 Lxf3 8.Dxf3 Sc6 9.a3 a5 10. Sd2 Dd7 11.g4!? 0-0-0? 12.e5!, und 13.Lf5 +— droht.

Die erste aufgezeichnete Steinitz-Partie: *Lenhof – Steinitz,* 1859, begann so: 1.e4 e5 2.Lc4 f5 3.d3 Sf6 4.Sf3 d5 5.exd5 Ld6 6.0-0 0-0 7. Sc3 a6 8.a4 h6 9.d4 e4 10.Se5 Sbd7 11.Sxd7 Lxd7 12.f3 De8 13.fxe4 fxe4 14.Lf4 Dg6 15.Lxd6 cxd6 mit guter Stellung (0:1, 45).

Thematisch verwandt ist *Bücker – Dobosz,* Budapest 1984: 1.e4 e6 2.c4 e5 3.f4!? Lc5 4.Sf3 d6 5.d4 exd4 6.Ld3 Sc6 7.0-0 Sge7 8.h3 Sg6 9.a3 a5 10.b3 f6 11.Ta2 0-0 12.g4 Ld7 13.Tg2! mit Angriff (1:0, 39).

Übrigens: Nach 1.e4 e5 2.d4 exd4 3.f4?! leitet Schwarz am besten mit 3. . . .Df6! 4.Sf3 Lb4† 5.Kf2 d5! zur Nordwalder Variante über.

c) **4.c3!?** Sf6 (aus der umfangreichen Theorie sei nur 4. . . .Lg4?! 5.fxe5 dxe5 6.Da4† Dd7?! erwähnt — 7.Lb5 c6 8.Sxe5 De6, und Schwarz hat gewissen Druck für den verlorenen Bauern: 9.Sxg4 Dxg4

10.Lf1 Sf6 11.d3 0-0 12.Dc2 Te8 13.De2 Dg6 14.Sd2 Sbd7 15.g3?! Lb6 16.Kd1 = [1:0, 53] *Bücker – Schönthier,* 1980) — 5.d4 exd4 6. cxd4.

Diagramm 3

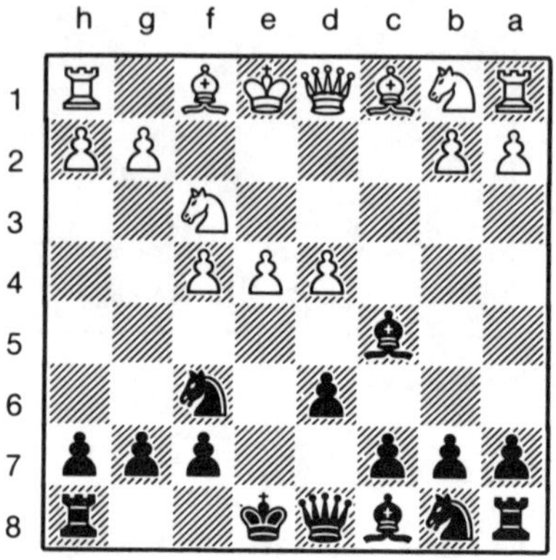

Stellung nach 6.cxd4

6. . . .Lb4† (6. . . .Lb6! ist die kritische Fortsetzung; die Zentrumsbauern sind lästigem Druck ausgesetzt) 7.Ld2 Lxd2† 8.Sfxd2!, und mit 9.Sc3 erreicht Weiß eine harmonische Aufstellung.

d) Interessant ist ferner 3.Se2!? Df6 (3. . . .d6 4.c3 Sf6 5.d4 exd4 6. cxd4 Lb6 7.Sbc3 0-0 8.g3! Te8 9.Lg2 Lg4 10.Le3 Sc6 11.h3 Lxe2 12.Kxe2 mit Vorteil, 6. . . .Lb4† 7.Ld2 Lxd2† 8.Sxd2, und 9.Sc3 wird ein Übergang zu c; 4. . . .f5!?) 4.c3 Sc6 5.g3 Sh6 6.d4! (6.Lg2? Sg4 7.Tf1 Sxh2 8.fxe5 Dxf1†! 9. Lxf1 Sf3#, *N. N. – Jankowitsch,* ca. 1900) 6. . . .exd4 7.e5 Sxe5 8.fxe5 Df3 9.Lxh6 gxh6 10.Tg1 dxc3 11.Sbxc3 Lf2† 12.Kd2 De3† 13.Kc2 Lxg1 14.Lg2 Lf2 15.Sf4 mit Angriff für das geopferte Material.

Daß wir uns anschließend von dem fast ausschließlich gespielten **3.Sf3** ab- und **3.Df3, 3.Dh5** zuwenden, geschieht aus folgenden Gründen:

(i) Letztere sind als (zumindest) gleichwertig anzusehen.

(ii) 3.Sf3 ist allzu bekannt und verlangt mehr Theoriekenntnis.

(iii) 3.Sf3 d5!? genügt vielleicht gar zum vollen Ausgleich für Schwarz (E/G geben als Varianten 4.Sxe5 Sf6! 5. d4 Lb6! 6.exd5 Dxd5 7.Le3 Sc6 8.Sc3 La5 — 9.Dd2!? —, 4.Sc3 d4 und 4.exd5 e4 5.d4).

A von-Schmidt-Angriff

3.Df3

Dr. Tarrasch kommentierte 1898: „Dieser alte, aber fast vergessene Zug ist wohl ebensogut wie 3.Sf3.“ Bereits 1862 hatte nämlich **Eugen von Schmidt (1821-1905),** der Verfasser von „Systematische Anordnung der Schacheröffnungen“ den Textzug in der Deutschen Schachzeitung analysiert. Beide Damenmanöver, 3.Df3 wie auch 3.Dh5, sind Vorläufer bester **hypermoderner Strategie** (welche man erst ca. 1920 „erfand“!); primäres Angriffsziel ist nun nicht der Lc5 selbst, sondern der **d2-d4 hindernde Be5.** „Hypermodern“ daran ist die konkrete Durchführung dieser Zielsetzung mittels ungewöhnlich früher Damenausflüge.

3. . . .d6

Die Varianten des E. v. Schmidt berücksichtigten ferner:

a) 3. . . .Sc6 4.fxe5 (4.c3 d6 5. Lb5?! Ld7 6.Lxc6 Lxc6 7.Se2 f5 8.d3 Sf6 9.Sd2 0-0 10.b4 Lb6 ∓

Wilberg – Hirschfeld, Berlin 1861; 5.d3 Sf6 6.f5!? ∞ scheint besser) 4. . . .Sd4?! (4. . . .Sxe5 5.Dg3 d6 6.c3 Lxg1 7.Txg1 Sf6 8.d4 Sg6 9. Lg5 De7 10.Lb5† c6 11.Lxf6 Dxf6 12.Lc4 0-0 13.Sd2 Df4 14.Dxf4 Sxf4 += bzw. 9. . . .Sxe4 10.Lxd8 Sxg3 11.Lxc7 Sxf1 12.Txf1 0-0 13. Lxd6! mit Vorteil) 5.Dd3 (zu weißem Vorteil führt auch 5.Dg3 Se7 6.Ld3 Sg6 7.c3 Le7 8.Df2 Sc6 9.Le2 nebst d2-d4) 5. . . .d6 6.c3 Sc6 7.Sf3 Lg4 8.exd6 Lxd6 9.De3 Sh6 mit weißem Vorteil.

b) 3. . . .exf4 4.Dxf4 (Dahlgrün erwähnt auch 4.Lc4?!) 4. . . .Se7! (v. Schmidt: 4. . . .De7 5.Sc3 Lxg1 6.Txg1 Sf6 7.d4 d5 8.e5 und 4. . . . Df6 5.d3 d6 6.Sf3 Sc6 7.c3, und jeweils steht Weiß etwas besser. Wir folgen nun der Partie *Marco – Löwy)* 5.Lc4 (nach dem schlichten Entwicklungszug 4. . . .Se7! hat Weiß mit großen Problemen zu kämpfen: 5.Sf3 Sg6! 6.Dg3 d5 7. exd5 0-0! 8.d4 Te8† 9.Kf2 Dxd5 10.c3 Ld6 11.Dg5 Dxg5 12.Lxg5 c5 =+) 5. . . .0-0 6.Se2 d5 7.exd5 Sxd5 8.Lxd5 Dxd5 9.d4 Ld6 10. Df3 Dxf3 11.gxf3 Lf5, und Schwarz hielt im Endspiel alle Trümpfe in der Hand (0:1, 39) *Marco – Löwy,* Wien 1904. Da Weiß offenbar d2-d4 nur mühevoll verwirklichen kann, ergibt 4.Dxf4 eine Art „Breyer-Gambit“ (2. . . .exf4 3.Df3?!), ohne einen realen Nutzen aus der Stellung des Lc5 zu ziehen. Kritisch dürfte entweder 4.Se2 Dh4† (4. . . . Sc6 5.Sxf4) 5.Kd1 Sc6 6.c3 ∞ (nicht 6.Dc3? Dh5! 7.Dxg7 Ld4) oder 4.Dc3!? Lxg1 5.Dxg7 Dh4† 6.Kd1 sein (z. B. 6. . . .Df2 7.Le2 Dd4? 8.e5 oder 6. . . .Dh5† 7.Le2 Dg6 8.Dxg6 hxg6 9.Txg1 Txh2 10.d3 g5 11.g3).

c) 3. . . .Df6 4.Se2 (4.fxe5 Dxe5 5.c3 Lxg1 6.Txg1, v. Schmidt, ist zweifelhaft wegen 6. . . .Dxh2) 4. . . .d6 5.Sbc3 += c6 6.Sa4 Lb4 7.c3 La5 8.d4!? b5 (8. . . .exd4 9.b4 ∞) 9.dxe5 Dd8 10.b4, und die Komplikationen kommen Weiß zugute.

d) 3. . . .Sh6!? 4.d3 d6 5.f5 Sc6 6.Dg3 (wenig verspricht auch 6.c3 De7 7.Lxh6, v. Schmidt, oder 7.f6 Df8) 6. . . .Kf8 7.Lg5 f6! 8.Lxh6 gxh6 9.Dh3 mit Remis. Empfehlenswerter daher 4.fxe5 0-0 (4. . . .d6? 5.Dg3 0-0 6.d4 Lxd4 7.Sf3!) 5.Dg3 Kh8, z. B. 6.Sf3 f5 7.exf6 e.p. Dxf6 8.c3 Te8 9.e5.

4.fxe5 dxe5 5.Dg3 Df6!

Diagramm 4

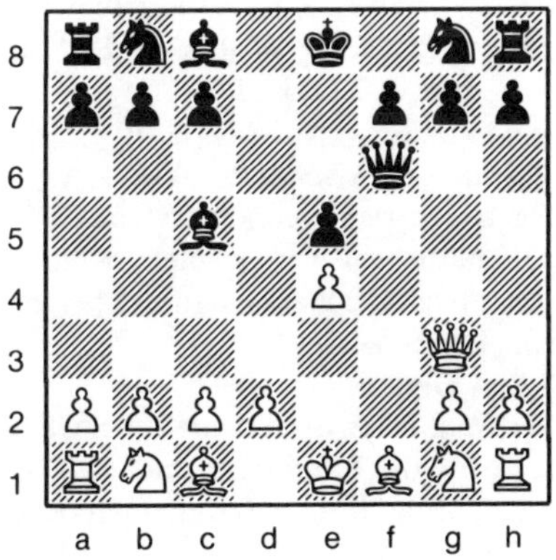

Stellung nach 5. . . .Df6!

Die korrekte Parade gegen den Doppelangriff des Weißen. Das Bauernopfer 5. . . .Sf6?! (5. . . . Le7? 6.Sf3) hat man früher maßlos überschätzt. Bei Marco liest sich das dann so: „5. . . .Sf6!!, da Schwarz nach 6.Dxg7 Tg8 7.Dh6 Lf2†! 8. Kd1 Tg6 auf Gewinn steht und nach 6.Dxe5† Le7 mit 7. . . .0-0 einen schönen Vorsprung in der Entwicklung und einen nachhaltigen Angriff hat.“ Nach 6.Dxe5† Le7 darf Weiß freilich nicht 7.d4 („Bilguer“) spielen; 7.d3! 0-0 8.Sf3 Sc6 (8. . . .Te8 9.Dd4) 9.Df4 Ld6 10.Dh4, und Weiß erfreut sich eines sicheren Mehrbauern. Auch v. Schmidts Vorschlag 6.Sf3 Sd7 7.Lc4 += ist beachtlich.

6.Sf3 Sd7

Jedenfalls konsequent, da der Springer hier nicht gefesselt werden kann und also Lc5-d6 zur Deckung des e-Bauern nicht erforderlich wird. Die Alternative hat aber auch ihre Vorzüge: 6. . . .Sc6 7.Lb5 Ld7 8. Sc3?! (8.d3 Ld6 9.Df2 +=) 8. . . . Ld6 9.0-0 Dg6 10.Dxg6 hxg6 11. d3 Sge7 12.Le3 f6 13.Lc4 a6 14. a3 g5 15.Tad1? g4 16.Sd2 Sd4 ∓ 17.Lxd4? (17.Lb3; 17.Tc1) 17. . . . exd4 18.Se2 Lxh2† —+ (0:1, 39) *Vidmar – Neumann,* Wien 1904. Nach der richtigen Fortsetzung 15. g3! hätte ein verwickelter Kampf mit etwa gleichen Chancen beginnen können.

7.Lc4 Dg6

Da Weiß 8.Tf1 drohte, greift Schwarz zum für die Variante typischen Damentausch. Möglich war auch 7.c3 Se7 (7. . . .c6 8.d4; 7. . . .Dg6 +=) 8.d4!? exd4 9.cxd4 (9.e5? Db6 10. b4 dxc3 11.bxc5 Db2) 9. . . .Lxd4 10.Sxd4 Dxd4 11.Sc3 mit Kompensation für den Minusbauern.

8.Dxg6 hxg6 9.Sc3 (9.c3!?) **9. . . .c6 10.d3**

10.Sg5 Sh6 11.d3 (11.Tf1?! f6 12. Se6 Sb6!) 11. . . .Sb6 12.Lb3 Ke7?! (12. . . .f6 13.Se6? Ld6 14.Sxg7† Ke7, und der Sg7 wird „verhaftet“) 13.Sf3 Sd7 (besser 13. . . .Sg4; 13. . . .f6? 14.Sh4) 14.Sd1 f6 15.Le3 Lxe3 (15. . . .g5) 16.Sxe3 Sc5?? (Einstellen eines Bauern) 17.Sh4 Sxb3 18.Sxg6† Kd8 19.axb3 +— (1:0, 44) *Schlechter – H. Wolf,* Wien 1904.

10. . . .f6 11.Sd1 g5 12.Le3

Diagramm 5

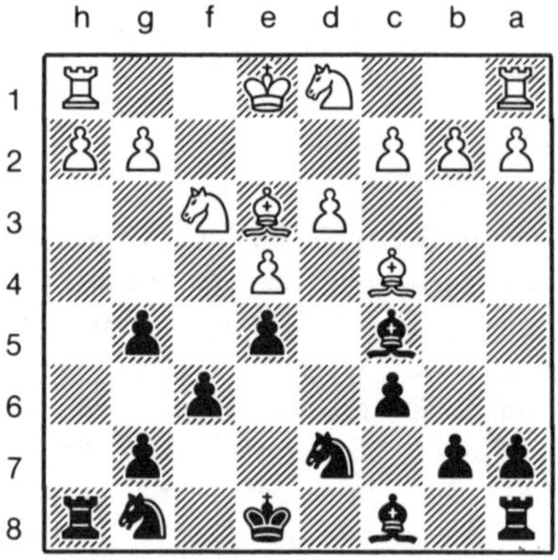

Stellung nach 12.Le3 +=

Weiß steht etwas angenehmer; beide Seiten haben in dieser interessanten Position genau zu lavieren. Der Anziehende wird kurz rochieren (zum Schutze des h-Bauern) und dann möglichst durch d3-d4 eine Ausweitung im Zentrum vornehmen; den weißen Figuren Bewegungsraum zu schaffen, schwächt indirekt den Bauernblock g7-f6-g5.

In der Partie *Charousek – Showalter,* Nürnberg 1896, löste der Schwarze in bewundernswerter Weise die un-

dankbare Aufgabe, einen aktiven Gegenplan zu entwerfen:
12. . . .g4! (dies tadelnd, empfahl Dr. Tarrasch das passive Se7-g6) 13.Sd2 Sh6 14.Lxc5 Sxc5 15.Se3 Ke7 16.0-0 Se6 17.Lxe6! Lxe6 18. Tf2 Th7 19.Sdf1 Tah8 20.c3 Sf7 21.Tae1 Sd6 (richtet sich gegen d3-d4) 22.Sf5† Lxf5 23.exf5 Kf7?! (23.. . .Th5!) 24.g3 g6? (Schwarz strauchelt erst hier. Nach 24. . . . Th5 25.Se3 Tg5 nebst Thh5 ist nicht zu sehen, wie Weiß gewinnen will) 25.fxg6† Kxg6 26.Se3 f5 27. Tef1 Tf7 28.Sg2 Thf8 29.Te2 Te8 30.Tfe1 Tfe7 31.d4! e4 32.Se3 Th7 33.Tf1 Teh8 34.Tf4 Th5 35.Tef2 Tg5 (es drohte 36.Sxg4) 36.c4 Thh5 37.Kh1! Se8 38.Sg2 Sg7 39.d5!

Diagramm 6

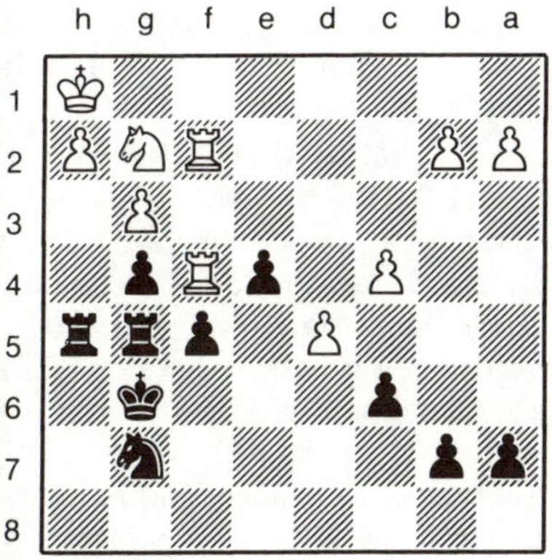

Stellung nach 39.d5!

(entscheidend) 39. . . .Th8 40.Sh4† Txh4 41.gxh4 Th5 42.d6, und Weiß gewann (1:0, 55). Ein schrittweise erkämpfter, feiner Positionssieg.

B von-Walthoffen-Angriff

3.Dh5!?

Diagramm 7

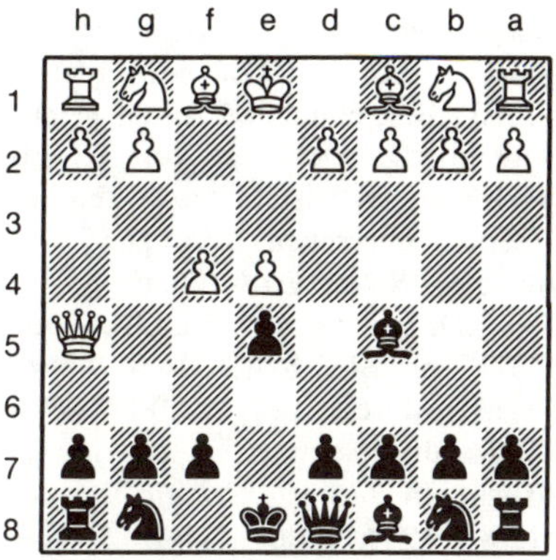

Stellung nach 3.Dh5!?

Oberst Walter von Walthoffen (1830-1912), Problemkomponist, Verfasser militärischer und philosophischer Schriften, analysierte auch (stets scharfe!) Eröffnungsvarianten. Sicher hat für den Textzug das zuvor betrachtete 3.Df3 des E. v. Schmidt Pate gestanden. Trotz des etwas martialischen äußeren Erscheinungsbildes kann der Zug als eine Verfeinerung angesehen werden; die Dame fesselt beispielsweise den e-Bauern (3.Df3 exf4!?).

3. . . .d6

Klaren Endspielvorteil hat Weiß nach 3.. . .Df6? 4.Dxe5† Dxe5 5.fxe5 Ld4 (5. . . .Lxg1 6.Txg1 Sc6 7.c3 Sxe5 8.d4) 6.Sf3 Sc6 7.c3 Lxe5 8.Sxe5 Sxe5 9.d4 (1:0, 85) *Welling – Mergits,* Gent 1985, und auch 3.. . .Lxg1?! ist zweifelhaft: 4.Dxe5† Se7 5.Txg1 (5.Dxg7!? Tg8 6.Dxh7) 5.. . .0-0 6.Dc3 mit recht gesundem Mehrbauern.

Kritischer sind da schon die beiden folgenden Gegenangriffe, die im „Bilguer" (1922) empfohlen wurden: **3. . . .Sc6** 4.fxe5 Sd4 (in einer Blitzpartie des Verfassers gab es den „eleganten" Läuferverlust 4. . . . Sge7?? 5.e6! +— zu bewundern.) 5.Ld3 (diese einfache Parade, welche sowohl die Deckung von c2 als auch von e4 leistet, wurde damals offenbar übersehen) 5. . . .g6 (5. . . . d6 6.c3 Sc6 7.exd6 Dxd6 8.Lc2; 5. . . .De7 6.c3 Sc6 7.Lc2) 6.Dd1 De7 7.c3 Sc6 8.Sf3 Sxe5 9.Sxe5 Dxe5 10.Lc2 Le7 11.0-0 nebst d2-d4, und Schwarz steht sehr gedrückt. In *Bücker – Sekulic,* Czestochowa 1984, ahnte Schwarz diese Schwierigkeiten voraus und segelte einen unübersichtlicheren Kurs: **4. . . .g6** 5.De2 (5.Dd1? Dh4†) 5. . . . Sd4 (5. . . .Sxe5 6.c3, und Weiß gelangt zu d2-d4) 6.Dd3 d5! 7. exd6 e.p. (7.Dc3? Dh4†) 7. . . . Sf6 8.b4!? Lb6? (8. . . .Lxd6 9.Lb2 Sc6 10.Sf3 scheint günstig für den Anziehenden, z. B. 10. . . .De7 11. Dc3 Dxe4† 12.Kd1 Le7, doch 8. . . .Lb6? verliert beinahe zwingend) 9.Lb2 Dxd6, und nun hätte 10.Sf3! Sxf3† 11.gxf3! Dxd3 12. Lxd3 Ke7 zum Sieg geführt (anstelle von 10.Se2? Lg4! 11.e5 Lxe2! mit späterem Remis).

5. Df3

3. . . .Sf6!? 4.Dxe5† Le7 ist nicht ungefährlich; Schwarz setzt auf seinen Entwicklungsvorsprung. Man sehe:

a) 5.Dd4?! Sc6 6.De3 d5 ∞ 7.d3 0-0 8.Le2 dxe4?! (Te8!) 9.dxe4 b6 10.e5 Sd5 11.Dd2 Lc5 12.Lf3 Le6 mit Vorteil für Schwarz (1:0, 45), *P. Bücker – Kübel,* Porz 1984.

b) 5.Dc3! Sxe4 (5. . . .d5 6.e5; 5. . . .0-0 6.e5 Te8 7.Le2 Sd5 8. Df3) 6.Dxg7 Lf6 7.Dh6 d5 8.Sc3, und Schwarz hat keine ausreichende Kompensation für den geopferten Bauern.

4.fxe5 g6

Erobert den Bauern sogleich zurück. **4. . . .Sc6** (Dahlgrüns 4. . . .dxe5 5.Dxe5† ist kaum korrekt) 5.Lb5! (analog zum v.-Schmidt-Angriff gespielt; 5.exd6?! ist riskant) 5. . . .g6 6.De2 dxe5 7.Lxc6† bxc6 8.Sf4 +=.

4. . . .De7!? 5.Sf3! +=, z. B.:

a) 5. . . .Sc6?! 6.Lb5 Ld7? (6. . . . g6 +=) 7.Lxc6 Lxc6 8.d4 g6 9. Dg4 h5 10.Dg5 ± Lb6 11.Dxe7†! Sxe7 12.exd6 cxd6 13.d5! Ld7 14. Lg5 f5 15.Sh4 Tg8 16.Sd2, und Schwarz war fast bewegungsunfähig (1:0, 41) *Bücker – Hater,* Münster 1982.

b) 5. . . .g6 6.Dg5 Dxg5 7.Sxg5 dxe5 8.Lc4 Sh6 9.d3 (9.Tf1 0-0 10.d4! exd4 11.Sxf7 Sxf7 12.Lh6 +—) 9. . . .0-0 10.Tf1 Kg7 11.Sc3 c6 12.Ld2 +=.

c) 5. . . .h6! 6.b4! g6 7.Dh4 Dxh4† 8.Sxh4 Ld4 9.c3 Lxe5 10.d4 +=.

5.Df3 dxe5

5. . . .Sc6 6.exd6 Sd4 7.Dd3 Ld7 wurde von Marco als beachtenswert eingestuft, doch nach 8.Sa3 Df6 9.Sf3 kommt der Angriff ins Stokken.

Alternativ ist zudem 6.Lb5 Ld7 7.Lxc6 Lxc6 8.d3 dxe5 9.Dg3 += möglich.

6.Lc4

Auf 6.Dg3?! folgt 6. . . .Dd4! (nicht aber 6. . . .Df6 7.Sf3 Sc6 8.Lb5 bzw. 7. . . .Sd7 8.Lc4, was den v.-Schmidt-Angriff mit zusätzlich g7-g6 ergibt, so daß das vereinfachende Dg6 entfällt) 7.d3 (7.

Lb5†?! c6 8.Se2 Dd6!; 7.Sc3 Sf6) 7. . . .Sc6 8.Sf3 Dd6 9.c3 (9.Sbd2 Le6) 9. . . .a6 (9. . . .a5 10.Sa3), und Schwarz steht besser.

6. . . .Dh4†! 7.g3 Df6 8.Sc3 (8. Dg2? Le6) **8. . . .Lxg1**

Eine geistreiche Verteidigung. Nach dem Erzwingen von g2-g3 bringt Schwarz jetzt seinen Damenläufer nach h3 und stemmt sich der Besetzung der wertvollen f-Linie durch Tf1 entgegen. 8. . . .c6 9.d3! (9. Dxf6 Sxf6 10.Sf3 Sbd7 11.d3 h6 12.Tf1 mit Vorteil, aber 10. . . .Ld6 oder 10. . . .Lh3 sind gut) 9. . . .h6 10.Sf3!? (10.Sd1) Lh3 11.Sxe5 Lg2 12.Tf1 Lxf1 13.Kxf1 ∞.

9.Dxf6 Sxf6 10.Txg1 Lh3 11.d4!?

Diagramm 8

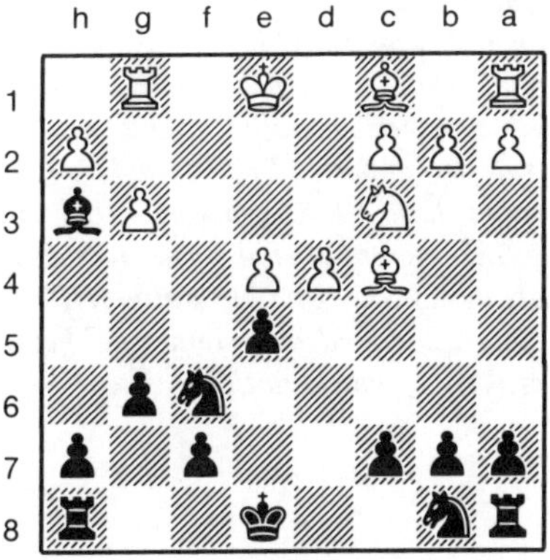

Stellung nach 11.d4!?

Die Stammpartie des v.-Walthoffen-Angriffs (*Dr. Perlis – Marco,* Wien 1904) nahm diesen spektakulären Fortgang. Unschwer läßt sich die kommende wilde Feldschlacht voraussehen. Daher zunächst ein Blick auf die Alternativen in diesem wichtigen Moment: Mit 11.Lf1 behielte Weiß nur einen mikroskopisch kleinen Vorteil; 11.Sb5 Sa6 12.d3 Sg4. Schließlich noch 11.d3!?, was Marco für nachteilig hielt: 11. . . .Sc6 12. Lg5? (12.Le3 Sg4 13.Kd2 Marco) 12. . . .Sg4 13.0-0-0 Sd4 mit Qualitätsgewinn (Marco). Weiß sollte jedoch anders spielen: 11. . . .Sc6 (11. . . .h5?! 12.Sd1!; 11. . . .Sg4?! 12.Sd5 Kd7 13.Se3) 12.g4!? h6 (12. . . .h5 13.g5; 12. . . .Sd4 13. Tg3; 12. . . .Lxg4 13.Lg5) 13. g5 hxg5 14.Lxg5, und Weiß hat (trotz des schwachen h-Bauern) die besseren Aussichten (z. B. mit Sb5, Sd5).

Mit dem Textzug soll die Stellung geöffnet werden. Weiß verläßt sich auf die Kraft seines Läuferpaares und diverse taktische Ideen (u. a. g3-g4, Tg3).

11. . . .Sc6?!

„Safety first!" war die Devise des Wieners Georg Marco; 11. . . .exd4 12.e5?! dxc3 (12. . . .Sg4!) 13.exf6 cxb2 (13. . . .Sd7 14.Tg3) 14.Lxb2 0-0? (14. . . .h5 15.0-0-0 nebst Te1-e7 mit Kompensation) 15.g4 Te8† 16.Kf2 Te4 17.Tae1 +— Marco. Vermutlich ist 12.Sb5 besser, z. B. 12. . . .Sa6 13.Lf4 (droht Le5) 13. . . .Sxe4 14.0-0-0, und Weiß wird die beiden Minusbauern schon bald zurückerobern.

12.Lg5

12.dxe5? Sxe5 13.Le2 0-0-0 14. Ld2 Sfg4 ∓.

12. . . .Sg4 13.Sd5 Sxd4 14.0-0-0

14.Sxc7†? Kd7 15.Sxa8 Sf3† etc., Marco.

14. . . .0-0 15.Lf1!, und in der Partie *Dr. Perlis – Marco,* Wien 1904, kam Weiß in Vorteil: 15. . . .Sf2 (15. . . .Lxf1 16.Tgxf1 h6 17.Sf6†

Sxf6 18.Lxf6 Tfe8 19.c3 Sc6 20. Td7 Tac8, und das weiße Bauerndefizit ist belanglos. Ob's zu gewinnen ist, steht auf einem anderen Blatt.) 16.Lf6 Sc6 (16. . . .Tfe8? 17.Lxe5 Sf3 18.Sf6† Kf8 19.Sd7† Ke7 20.Lf6† Ke6 21.Lc4# — Marco) 17.Td2 Lxf1 18.Txf2 Lc4 (18. . . .Lh3? 19.g4).

Diagramm 9

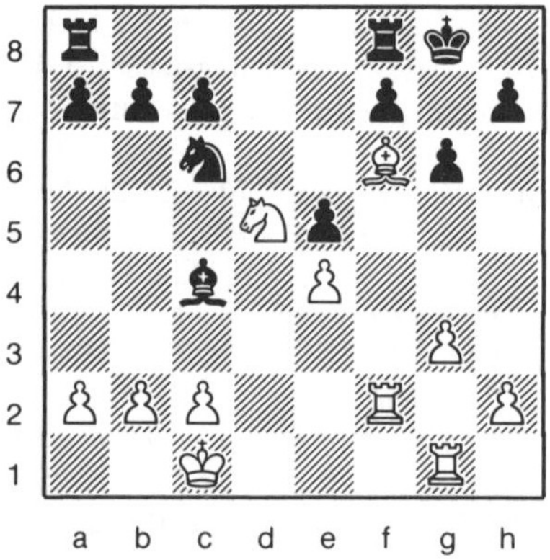

Stellung nach 18. . . .Lc4

19.b3? (von kläglichem Sicherheitsbedürfnis geleitet, erobert Weiß das investierte Material zurück und remisiert; stärker war 19.Sxc7 oder 19.Td1) 19. . . .Lxd5 20.exd5 Sb4 21.Le7 (21.Td1!) 21. . . .Sxd5 22. Lxf8 Kxf8! (22. . . .Txf8? 23.Td1 Sb6 24.Tfd2 nebst Td8) 23.Td1 Sb6 24.c4 c6 25.a4 a5 26.g4 Ke7 27.g5 Tf8 28.Tfd2 Th8 29.Td3 h6 30.Th3 h5 31.Te3 Sd7 32.h4 Tf8 33.Tf1 Ke6 34.Kc2 f5 35. gxf6e.p. Txf6 36.Txf6† Sxf6 37. Kd3 c5 38.Tg3 Sg4 39.Ke4 Sf6† 40.Ke3 Sg4† Remis.

Fazit: *Es gibt keinen zwingenden Grund dafür, daß die etablierten Wege der Angriffsführung den soeben besprochenen überlegen wären. „Aus strategischen Gründen kann man den Zug (3.Dh5) nicht als gut ansehen, jedoch ist eine Widerlegung bisher nicht bekannt," (Marco 1905) – damals wurden „hypermoderne" Ideen oft rein gefühlsmäßig abgelehnt.*
Auf der anderen Seite spricht sogar vieles dafür, daß man von 3.Df3 und 3.Dh5 mehr Vorteil erwarten darf als von 3.Sf3. Und ein weiterer Pluspunkt: Die beiden Systeme sind heute praktisch unbekannt.

Kapitel II
Das Falkbeer-Gegengambit 2. . . .d5

Seit den „Urzeiten" der Schachtheorie (Handschriften des Polerio, 1590) hatte man für eine lange Zeit den Wert von 2. . . .d5 nur anhand von dubiosen Zugfolgen zu bestimmen gesucht, wie etwa **3.exd5 Dxd5?** 4. Sc3 De6 5.Sf3 exf4† 6.Kf2 Db6† (Weiß drohte 7.Lb5†! und 8.Te1, Matt oder Damengewinn) 7.d4 Sf6 8.Lb5† c6 9.Te1† Le7 10.Lc4 Lg4 11.Lxf7† Kxf7 12.Se5† Ke8 13. Sxg4 Sxg4† 14.Dxg4 Dxd4† 15. Kf3 Sd7 (Bilguer, 1848). Den Status als eine ernstzunehmende Behandlungsweise verdankt der Zug 2. . . . d5 erst der von Falkbeer 1850 vorgeschlagenen Gambitfortsetzung 3. exd5 **e4!**.

Diagramm 10

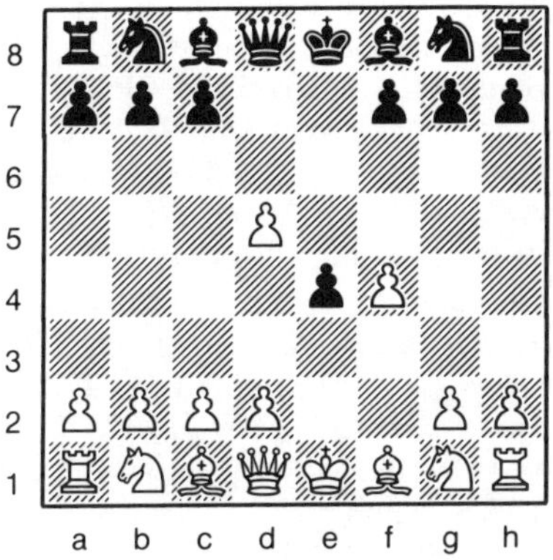

Stellung nach 3. . . .e4!

Das Bauernopfer bezweckt eine nachhaltige Störung des weißen Aufbaus: Sg1-f3 ist verhindert, Bf4 steht im Wege (u. a. darf Schwarz nun an Lc8-f5 denken), und Schwarz besetzt nicht selten vorteilhaft mit Lf8-c5 jene wichtige Diagonale, die wir schon in Kapitel I in einer Hauptrolle angetroffen haben. Die schwarze Partei hat mit 3. . . .e4! also nicht nur irgendeinen Zug, sondern gleichsam ein ganzes strategisches Konzept aufgefunden. Die Gegenseite brauchte einige Jahrzehnte, um sich an die neue Rollenverteilung (Gambitgeber — Gambitnehmer) zu gewöhnen und von allzu forschen Entgegnungen (4.Lb5†, 4. c4, 4.Lc4) schrittweise abzugehen. Vorläufig sprachen die Ergebnisse aber zugunsten der Nachziehenden, und der bereits von vielen Theoretikern angedeutete Verdacht, Weiß könne im Königsgambit bestenfalls auf Ausgleich hoffen, erhielt neue Nahrung. Dr. Tarrasch erklärte bei jeder sich bietenden Gelegenheit das Falkbeer-Gambit zur „stärksten Widerlegung“ (sic!) des Königsgambits. Zunächst nur eine Variante unter vielen, kam das heute bevorzugte **4.d3** infolge der Anwendung durch Charousek (Nürnberg 1896) zu einiger Bedeutung. Zwar hat es auch später noch einen schweren Rückschlag gegeben (*Spielmann – Dr. Tarrasch,* Mährisch-Ostrau 1923), doch stellen die jetzigen Buchvarianten dem Weißen sogar klaren Vorteil (±) in Aussicht. Wir werden nun prüfen, inwieweit dies zutrifft.

1.e4 e5 2.f4 d5 3.exd5 e4 (am Ende des Kapitels wird noch auf 3. . . .c6 und 3. . . .Lc5!? eingegangen) **4. d3 Sf6.**

Nach 4. . . .exd3?! behält Weiß problemlos seinen Mehrbauern: 5. Dxd3 (oder 5.Lxd3 Sf6 6.Sf3 Dxd5 7.0-0 Lc5† 8.Kh1 0-0 9.Sc3 Dh5 10. Se4! += [0:1,45], *Mossong – Sigurjonsson,* Groningen 1970) 5. . . .Sf6 6.Sc3 Le7 (6. . . .Lc5 7.Ld2 0-0 8. 0-0-0 Sbd7 9.g3 Sb6 10.Lg2 Lg4 11.Sf3 Sbxd5 12.h3 Sxc3 13.Dxc3 Lxf3 14.Lxf3 Dd6 15.Db3 mit Vorteil, *Stoltz – Marshall,* Folkestone 1933) 7.Sf3 (laut E/G muß Weiß mit dem Manöver Sa6-c5 rechnen, z. B. 7.Ld2?! 0-0 8.0-0-0 Sa6! 9. a3 Sc5 =) 7. . . .0-0, und jetzt empfehlen E/G 8.Le3! nebst 0-0-0 mit gesundem Mehrbauern, während 8.Ld2 Sa6 9.a3 Sc5 10.Dd4 Lf5 in *Frjasinow – Wexler,* Liepaja 1969, schwarzes Gegenspiel förderte.

In den letzten Jahrzehnten konnte **4. . . .Dxd5** seinen schlechten Ruf ein wenig verbessern, obgleich nach wie vor Schwarz vor Problemen steht: 5.De2! (Das ältere 5.Sc3 Lb4 6.Ld2 Lxc3 7.Lxc3 stuft die Theorie wegen 7. . . .Se7! als = ein, denn 8.Lxg7 Tg8 9.Le5 Sbc6 oder 9.Lc3 Lg4 10.Dd2 Tg6 erwies sich als gefahrvoll) 5. . . .Sf6 (5. . . .f5 6. Sc3 Lb4 7.Ld2 Lxc3 8.Lxc3 Sf6 9.dxe4! Keres 9. . . .fxe4 10.Dc4 mit weißem Vorteil) 6.Sc3 (auch 6.Sd2 Lg4 7.Sf3 Lxf3 8.gxf3 e3 oder 6. . . .Lf5 7.dxe4 Lxe4 8.g4 gilt als günstig für Weiß) 6. . . .Lb4 7.Ld2 Lxc3 8.Lxc3 Lg4 (Alapin; 8. . . .Sbd7 9.dxe4! Sxe4 10.Lxg7 Tg8 11.Td1 De6 12.Le5 ±; 8. . . . 0-0 9.Lxf6 exd3 10.De5 d2†? 11. Kd1 Lg4† 12.Se2 Lxe2† 13.Sxe2 Dxg2 14.Dg5! +— *Santasiere – Bakos,* New York 1949 — besser 10. . . .Dc6 11.Dg5 += Glaskow) 9. dxe4 Dxe4 (9. . . .Lxe2 führt zu einem unbequemen Endspiel, z. B. 10.exd5 Lxf1 11.Kxf1 Sxd5 12. Lxg7 Tg8 13.Te1† Kd7 14.Td1 Kc6 15.Ld4 Sxf4 16.Sf3 Sd7 17. g3 Se6 += *Schößler – Röder,* Hamburg 1969) 10.Dxe4† Sxe4 11.Lxg7 Tg8 12.Le5 Sc6 13.Ld3 (13.Sf3!? E/G) 13. . . .Sxe5 14.Lxe4 Sc4 15.Lxb7 Tb8, und nun scheint anstelle von Tartakowers 16.Lc6† (16. . . .Ke7! E/G 17.h3! +=) zum Verwerten des Materialplus 16.Ld5 Se3 (16. . . .Sxb2 17.Sf3) 17.Lc6† eher geeignet, z. B. 17. . . .Kf8 18. Kd2 Sc4† 19.Kc3 Tg6 20.Le4!.

5.dxe4!

Seit 1899 steht der Textzug in einem guten Ruf, als nämlich Alapin die Variante Bergers (1867), 5. . . .Sxe4 6.Sf3 Lc5 7.De2 Lf2† 8.Kd1 Dxd5†, mit 9.Sfd2! entscheidend verstärkte. Von den Alternativen ist kaum weißer Vorteil zu erhoffen, z. B. 5.De2 (Reti; 5.Sc3 Lb4 6.Ld2 e3! Morphy; 5.Sd2 Keres) 5. . . .Lg4 6.Sf3 Dxd5 7.Sbd2 (via Zugumstellung ist dies gerade die oben angesprochene Variante 4. . . .Dxd5 5.De2 Sf6 6.Sd2) 7. . . .Sc6!? 8.dxe4 Dh5 9.Db5 0-0-0 10.Dxh5 Sxh5 11.Sc4 Sb4 (soweit *Gebauer – Sera,* Varna 1962) 12.Ld3 Sxd3† 13.cxd3 Lxf3 14.gxf3 (Analyse Glaskow) 14. . . .Ld6! (nicht 14. . . . Txd3? 15.Se5, Glaskow) 15.Sxd6† (15.e5 Lc5 16.Ke2 Td4 17.Le3 Sxf4†; 15.f5 g6!) 15. . . .Txd6 16.Le3 (16.Ke2? Tc6) 16. . . .Txd3 17.Ke2 Thd8 =.

5. . . .Sxe4 6.Sf3 9. Sf3 M.

Schwächer sind 6.De2 (Charousek) 6. . . .Lb4†! (Filtschew) 7.c3 0-0 8.cxb4 Te8 9.Le3 Sf6 10.Sc3 Sg4 11.0-0-0 Sxe3 und 6.Le3 Dh4† 7. g3 Sxg3 8.Sf3 Dh5! (Hay), beide Male mit Komplikationen, die Schwarz nicht zu fürchten braucht.

6. . . .Lc5

a) 6. . . .Lg4?! (6. . . .Lf5? 7.Le3 mit Vorteil) 7.Ld3 f5 8.De2 Dxd5 9.Sc3 Lb4 10.Ld2 mit Entwicklungsvorsprung, *Spielmann – Marshall,* Mannheim 1914.

b) 6. . . .c6 7.Sbd2 (7.Ld3 Da5† 8.Ld2 Sxd2 9.Sbxd2 cxd5 10.De2† Le7 11.0-0-0 Sc6 12.Se5 *Kinlay – Rumens,* Islington Open 1977, 12. . . .Dxa2!; 8.Ke2!?) 7. . . .Sxd2 (7. . . .Sf6 8.Sb3) 8.Lxd2 nebst 9.Ld3 ± Hildebrand.

c) 6. . . .Lb4†!? 7.c3 De7 (7. . . . Lc5? 8.Da4†) 8.Da4† Sc6 9.Le2 Lc5 10.dxc6 0-0 11.Sbd2 (11.b4!?) Sf2 12.Tf1 b5 13.Dc2 Te8 14.Txf2

Lxf2† 15.Kxf2 Dxe2† 16. Kg3 Lg4 17.Se5 Txe5! 18.fxe5 Td8 19.De4 Td3† 20.Kf4 Df2† 21. Kxg4 Te3 22.Dxe3 Dxe3 23.Sf3 De4† 24.Kg3 Dg6† 25.Kf2 Dc2† 26. Ld2? (26.Kf1 =; 26.Ke3!?) Dxb2 (0:1, 50) *Eslon – van Baarle,* Berga 1977.

d) 6. . . .Ld6 7.Ld3 Sf6 8.Sc3 0-0 9.0-0 c6 10.dxc6 Sxc6 11.a3 Te8 12.Kh1 a6 13.Sg5 h6 14.Sge4 Le7 15.Sxf6 Lxf6 16.Sd5 Le6 17. Sxf6† Dxf6 18.Df3 Tad8 19.Ld2 Sd4 20.Lc3 Sxf3 21.Lxf6 Txd3 (=, 34) *Stean – Bronstein,* Schnellpartie London 1976.

Diese Alternativen sind recht interessant, doch scheint Weiß auch hier im Vorteil zu bleiben.

7.De2

7.Ld3? (Tartakower) 7. . . .Sf2 8. De2† De7 9.Tf1 Sxd3† 10.cxd3 Dxe2† 11.Kxe2 0-0 (11. . . .Lg4? 12.Le3 Sd7? 13.Lxc5 Sxc5 trägt nur zur Sicherung des Bd5 bei, *Tarassewitsch – Chatschaturow,* Moskau 1977) 12.d4 Lb6 mit schwarzem Vorteil.

7. . . .Lf5

Diagramm 11

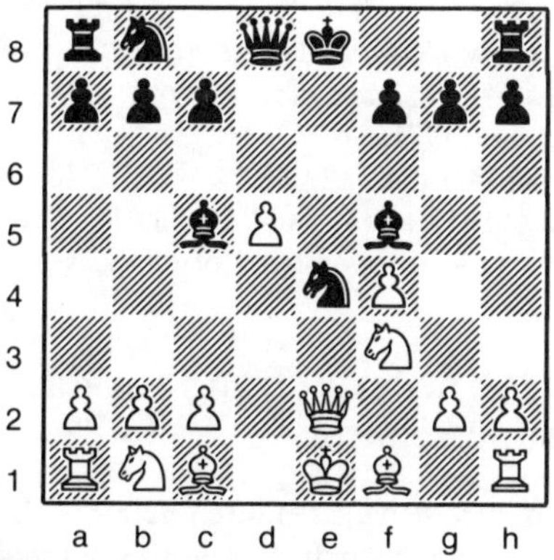

Stellung nach 7. . . .Lf5

Mit dem von der Theorie bislang unterschätzten 7. . . .0-0!? werden wir uns anschließend recht intensiv befassen. Weiteres: 7. . . .Lf2†?! 8.Kd1 Dxd5† 9.Sfd2! f5 10.Sc3 oder 7. . . .Dxd5?! 8.Sfd2, und Weiß kommt zu einem gesicherten Mehrbauern.

7. . . .f5 8.Le3! Dxd5 9.Lxc5 Dxc5 10.Sc3 (*Spielmann – Wolf,* Düsseldorf 1908) 10. . . .0-0 11.Sxe4 fxe4 12.Dc4†! (Krause) mit klarem Stellungsvorteil. Auch 7. . . . De7 8.Le3! macht einen gekünstelten Eindruck.

8.Sc3

In der Partie *Spielmann – Tarrasch,* Mährisch-Ostrau 1923, folgte Weiß der Bilguer-Empfehlung 8.g4?, wurde aber von 8. . . .0-0! unliebsam überrascht (0:1, 26). Kurz darauf verfaßte Spielmann seinen Artikel „Am Krankenlager des Königsgambits“ (lt. Tartakower wäre „Triumphlager“ dem Inhalt angemessener).

8. . . .De7

8. . . .0-0? 9.Sxe4 Te8 10.Se5 Lxe4 11.Dxe4 f6 12.d6!

Diagramm 12

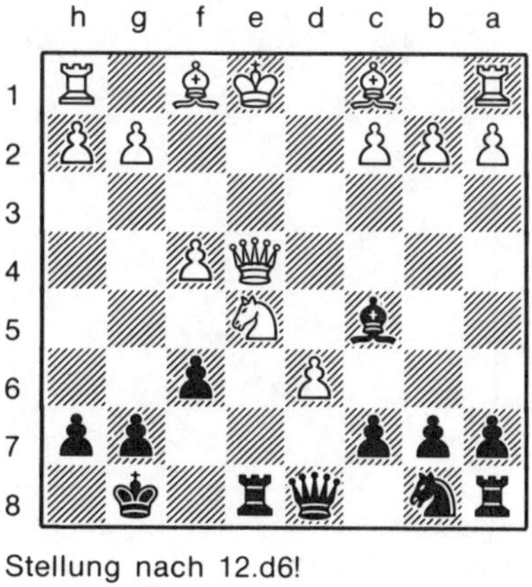

Stellung nach 12.d6!

12. . . .Dxd6 (12. . . .cxd6 13.Lc4† Kf8 14.Dd5 +—; 12. . . .fxe5 13. Dd5†) 13.Le3! Lxe3 14.Dc4† De6 15.Dxe6† Txe6 16.Lc4 fxe5 17. Lxe6† Kf8 18.Lc8 a5 19.fxe5 (1:0, 23) *Blackburne – Marco,* Berlin 1897. Das später betrachtete 7. . . . 0-0!? kann Weiß mit einer eng verwandten Kombination bekämpfen — **ohne** den Zwischentausch Sb1: Lc8.

9.Le3!

Flotte Entwicklung ist hier oberstes Gebot.

9. . . .Lxe3

9. . . .Sxc3 10.Lxc5 Sxe2 11.Lxe7 Sxf4 12.La3! Sd7 (12. . . .Sxd5 13.0-0-0 c6 14.Sg5! mit heftigem Angriff, *Kusnezow – Poscharski,* UdSSR 1963) 13.0-0-0 Le4 (13. . . . 0-0-0 14.Td4! Sg6 15.g4 E/G) 14. Sg5! Lxd5 (14. . . .f5 15.Sxe4 fxe4 16.g3 Sg6 17.Te1 0-0-0) 15.g3!! Lxh1 16.gxf4 c5 17.Lc4, und Weiß gewann, *Bronstein – Tal,* Riga 1969.

10.Dxe3 Sxc3 11.Dxe7† Kxe7 12. bxc3 Le4

Diagramm 13

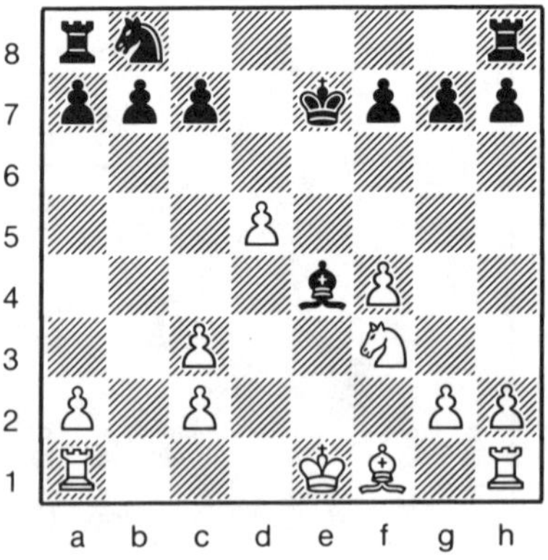

Stellung nach 12. . . .Le4

Spielmanns geistreicher Versuch: Schwarz möchte mit 13. . . .Lxf3 dem Gegner unbewegliche Bauern aufhalsen und diese dann blockieren. Mit Glaskows 13.Sg5! ist das Vorhaben aber zu vereiteln. „Gleiches Material — ungleiche Chancen" lautet das Motto nach 12. . . . Lxc2 13.Kd2, z. B.:

a) 13. . . .Lf5 14.Te1† Kf6 15. Sd4 Ld7 16.h3 g6 17.g4 Te8 18. Ld3 Txe1 19.Txe1 a6 20.g5† Kg7 21.f5 Kf8 22.f6, *Ene – Stranytu,* Fernschachpartie 1976-78.

b) 13. . . .La4 (13. . . .Lg6 14. Te1† Kd8 15.Sd4 *Whitecroft – Keres,* Margate 1939) 14.Te1† Kd6 (14. . . .Kf6 15.g4!) 15.Sg5 Kxd5 16. Te4 Le8 17.Td4† (1:0, 24) *Bronstein – Weismann,* Sandomierz 1976.

13.Sg5! (Glaskow) **Lxd5 14.0-0-0**

Und erneut hat Weiß nach Rückgabe des Mehrbauern einen fühlbaren Zeitvorsprung:

a) 14. . . .Le6 15.Sxe6 fxe6 (15. . . .Kxe6 16.Lc4† Kf6 17.g4) 16. Lc4 Tf8 17.The1 Tf6 18.f5! *Krnic – Cortlever,* Wijk aan Zee 1972.

b) 14. . . .c6 (14. . . .Td8 15.Te1† nebst 16.Sxh7, Keres) 15.Ld3 h6 16.The1† Kd6 17.Sxf7†! Lxf7 18. La6†! *Szimanski – Petrik,* Warschau 1971.

c) 14. . . .Lxa2 15.c4 b5 16.Kb2 Lxc4 17.Lxc4 bxc4 18.The1† Kf6 19.Td4 mit weißem Vorteil (E/G).

Der neueste Trend — das superscharfe 7. . . .0-0!?

In den siebziger Jahren setzte sich nach und nach die Erkenntnis durch, daß Schwarz in der Variante 2. . . .

d5 3.exd5 e4 4.d3! Sf6 5.dxe4 Sxe4 6.Sf3 Lc5 7.De2 **Lf5** einen rein defensiven Part aufgezwungen bekommt. Denn Glaskow hatte 12. . . .Le4 13.Sg5! gefunden, und 12. . . .Lxc2 verlor spätestens nach Bronsteins Sieg über Weismann die letzten Anhänger.

Eine so unübersichtliche Eröffnung wie das Falkbeer-Gegengambit darf man freilich noch lange nicht als „entschärft" ansehen. Man sollte sich als Weißer bereits jetzt auf die zu erwartenden „neuen Zweige" einstellen, um nicht später einmal dem Überraschungseffekt zum Opfer zu fallen.

Schon liegen erste Partien mit einer wilden Behandlung im „Kaffeehaus-Stil" vor. . .

7. . . .0-0!? 8.Dxe4 Te8 9.Se5 f6

Diagramm 14

Stellung nach 9. . . .f6

Im Prinzip läuft die Variante auf ein zweites Bauernopfer hinaus, wobei ein unmittelbarer Gegenwert für Schwarz nicht ersichtlich ist. Verständlich daher, daß die Theorie hierfür keine Begeisterung aufbringen mochte. Weiß sollte einfach 10. Ld3 spielen, liest man im „Bilguer", und fast alle der späteren Autoren gaben lakonisch „10.Ld3 (10.Lb5!?) ±" an.

Doch der Schein trügt, und das so abschreckend knappe Abfertigen soll vielleicht auch gezielt eine „heile Variantenwelt" vorgaukeln. Vertieft man sich beispielsweise in die Lage nach 10.Ld3 g6 (erzwungen), so stößt man sogleich auf diverse Schwierigkeiten, da der weiße König nicht so rasch aus der e-Linie „fluchtrochieren" kann. Und das ist keineswegs nebensächlich, weil der schwarze Generalplan (fxe5 nebst Lf5, bzw. Sd7, Sxe5) auf die Öffnung der e-Linie zielt.

Um mit den Drohungen des Schwarzen vertraut zu werden, durchleuchten wir zunächst die schon vorhandenen Hinweise und Partien.

10.Ld3 g6, und Weiß hat die Wahl zwischen:

a) 11.b4?! fxe5 12.fxe5 (12.bxc5!? exf4 13.0-0 Txe4 14.Lxe4 ist eine Anregung von R. Olthof; 14. . . . De7! mit schwarzem Vorteil) 12. . . . Lf5 13.Df4 Ld6 14.Lb2 Lxd3 (14. . . .Sd7 15.0-0 Lxe5 16.Lxe5 Txe5 17.Dg3 Lxd3 18.Dxd3 De7 =+ führte in *Palm – Vonk,* DHMM 1982, zum Remis) 15.cxd3 (15.Kd2 Lxe5) 15. . . .Sd7! 16.d4 (16.0-0? ist noch schlechter) 16. . . .Lxb4† 17.Lc3?! (sonst folgt Sb6, Tf8, Dxd5, und Weiß leidet unter seinem „schlechten" Lb2) 17. . . .Sb6!? (gut ist ferner 17. . . .Tf8 18.De4 Dg5! oder 18.De3 Sb6 19.Lxb4 Sxd5 20.Dd2 Dh4† 21.Kd1 Tf2) 18. Lxb4 (18.0-0 Tf8) 18. . . .Sxd5

19.Dd2 Dh4† 20.Kd1 Sxb4 21. Dxb4 Tad8 mit starkem Angriff, z. B. 22.Sd2 Txd4 23.Db3† Kh8 24.Kc2 Txe5 25.Dc3 b6 26.g3 Dg4 —+.
b) 11.Sd2 fxe5 (11.. . .Sd7? 12. Sdf3) 12.fxe5 Lf5 13.De2 Lxd3 ∓.
c) 11.Le3 fxe5 12.Lxc5?! (Schubert; solider ist 12.fxe5 Lf5 13.Df4 Lxe3 14.Dxe3 Lxd3 15.cxd3 Dxd5 16.0-0 Sc6 = 17.Sc3 Dxe5 18.Se4 Tf8 19.Tae1!? Txf1† 20.Txf1 Dd4 =+ oder 20.. . .Dxb2?!) 12.. . .exf4 13.0-0 Txe4 14.Lxe4 (soweit Schuberts Analyse), und nun 14.. . . Lf5! 15.Sc3 (15.Lxf5 Dxd5) 15. . . . Sd7 16.Ld4 Dg5 17.Tae1 Lxe4 18.Txe4 Tf8 19.Kh1 a6 —+.
d) 11.Sc3 Sd7 (11. . . .fxe5!? 12. fxe5 Lf5 Olthof) 12.Ld2 Sxe5 13. 0-0-0 Lf5 14.fxe5! Lxe4 15.Sxe4.

Diagramm 15

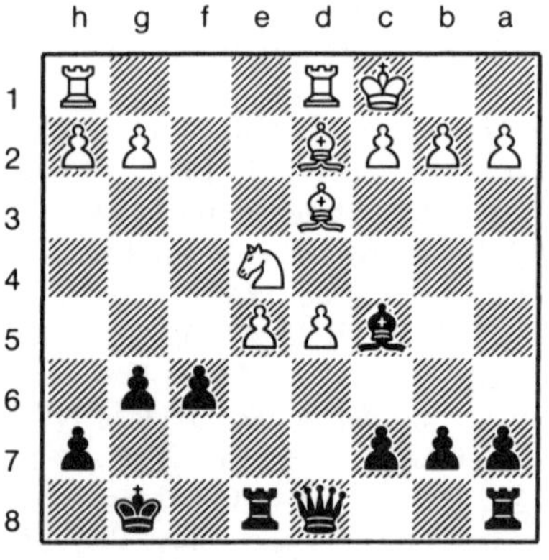

Stellung nach 15.Sxe4

In der Partie *Rudniew – Droschd*, Baranowitschi 1977, fand der Nachziehende nicht die beste Erwiderung und unterlag in einer hübschen Kurzpartie: **15. . . .Le7?!** 16.Lc4! Kg7 17.exf6† Lxf6 18.Sxf6 Kxf6 19.Thf1† Kg7 (19. . . .Ke5 20. Lc3† Kd6 21.Lb4† Kd7 22.Lb5† Kc8 23.Lxe8 +— Roisman) 20.Lc3† Kh6 21.Lf6 Dd7 22.Td3 Te4 23. Lb5! 1:0. Von Roisman stammt die Verbesserung **15. . . .Txe5!** 16.Sxc5 Dxd5, wonach Weiß drei Figuren für die Dame hat: 17.Sb3 (17.Lb4? Dd4! 18.c3 Txc5 19.Kb1 Dd5 20. Lxg6 Dc6 21.Lxc5 hxg6) 17. . . . Dxg2 =+, z. B. 18.Lc3 Tae8 19. Lxe5 Txe5 20.Tdg1 (20.h4 Th5) 20. . . .Dh3 21.Tg3 Dh6† 22.Sd2 Te3 23.Txe3 Dxe3 24.Tf1 Kg7 25. Kd1 Dd4 26.Kc1 Kh6.
e) 11.Dc4 Sa6! (11. . . .Ld6? 12. 0-0 fxe5 13.f5! mit Angriff, Schubert; 11. . . .Lb6!?, Schubert, ist vielleicht auch spielbar. Schwach ist 11. . . .Dd6? Bilguer 12.Sc3 und 13.Se4) **12.b4?!** (12.d6†? Kh8 13.dxc7 Dxc7 ∓) 12. . . .Lxb4† 13.Sd2 b5!? (oder 13. . . .fxe5 14. 0-0 ECO, worauf der Olthofsche Vorschlag 14. . . .b5! 15.Dxb5 Lc5† 16.Kh1 Ld4 17.Tb1 Sc5 interessantes Spiel ergibt; als zusätzliche Verfeinerung könnte sich 16. . . .Tb8 erweisen) 14.Dxb5? (14.Db3 fxe5 15.0-0 c6 ∞) 14. . . .Lc3 15.Tb1 Tb8, und dank der Fesselung von Sd2 ist Tb1 ungedeckt. Vernünftiger sieht daher **12.Sc3 fxe5** 13.Se4 exf4 14.Lxf4 aus, z. B. 14. . . .Df6 (14. . . .b5!) 15.d6† Kg7 16.Ld2 b5 17.Dc3 Ld4 18.0-0-0! Lxc3 19.Lxc3 Dxc3 20.Sxc3 c6 mit weißem Vorteil (1:0, 40), *Joakimidis – Messedi*, Jun.-Team-WM Graz 1981. Zu prüfen sind wiederum die Folgen von **12. . . .b5!?**, beispielsweise: 13. Dxb5 (13.Db3 fxe5 14.Lxb5 exf4† 15. Lxe8 Dh4†; 13.Sxb5! fxe5 14.

Sc3 exf4† 15.Le2! Sb4!? ∞) 13. . . . Tb8 14.Da4 Tb4 15.Da5 Lb6 16. Da3 fxe5 17.Lxa6 exf4† 18.Le2?! a5 mit starkem Angriff für die geopferte Figur.

Diagramm 16

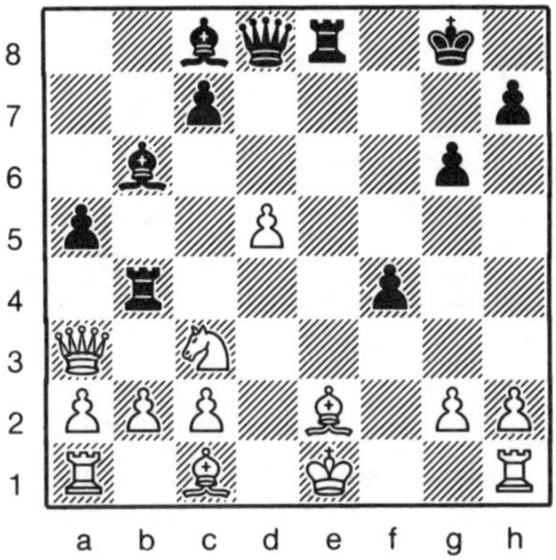

Stellung nach 18. . . .a5

f) 11.Lb5!? **Ld7** 12.Lc4 (12.Dc4 Lxb5 13.Dxc5 La6 14.Le3 fxe5 15. fxe5 Txe5 16.Sc3 Sd7 17.Dd4 Dg5 —+; 14.c4 fxe5 15.0-0 Sd7 16.Db4 Sb6 17.Sa3 c6!? ∞. 13.Dxb5 Sd7 mit Kompensation) 12. . . .Lf5 13.d6† (13.De2? Sd7) 13. . . .Kg7 14.Dxb7 (14.Dd5 cxd6) 14. . . .Sd7, z. B. 15.Dxc7 fxe5 16.Dxd8 Taxd8, und für die drei (!) Bauern hat Schwarz einen gewaltigen Entwicklungsvorsprung. **11. . . .Te7!?** 12.Lc4 (12. Sd2?! Lf5 13.Dc4 Ld6!; 12.Dc4 Dd6) 12. . . .Kg7 13.Le3 (13.Sc3 Sd7) 13. . . .Lf5 14.Df3 Lxe3 15. Dxe3 Dd6 (15. . . .Sd7?! 16.0-0 fxe5 17.Dc3) 16.0-0 +=.

In der letzten Variante (f) stellt sich die Frage, ob nicht der Einschub **10.Ld3 g6** besser zu unterlassen wäre (damit der Schwarze nicht über das entlastende Lc8-f5 verfügt). Also: (von Diagramm 14) **10.Lb5** Ld7 (10. . . .Te7?! 11.Ld3 g6 12. Dc4) 11.Lc4 fxe5 12.fxe5 Lf5!? 13.Df4 (13.Dxf5 Dh4† 14.g3 Dxc4 mit Kompensation) 13. . . .Ld6! 14. 0-0 Txe5 mit ausreichendem Stellungsersatz für den investierten Bauern.

10.Sc3!? (Schubert) Sd7 11.Ld2 Sxe5 12.0-0-0 Sg4 13.Dc4 Lb6 14. Te1 Sf2 15.d6† Kh8 16.dxc7 Lxc7! (16. . . .Dd7) 17.Tg1 Lb6 18.Le2?? Dxd2†! 19.Kxd2 Le3 matt; auch ohne den groben Fehler steht Schwarz ausgezeichnet.

Für eine endgültige Bewertung all dieser hochkomplizierten Abspiele ist es natürlich noch zu früh. Einen höheren Grad an Sicherheit gewährleistet aber zweifellos die folgende elegante Angriffsweise (von **Diagramm 14)**:

10.d6! Dxd6

Der einzige Zug, wenn man die Zugumstellung 10. . . .Le6?! 11.Lc4 (11.Dxb7!?) 11. . . .Dxd6 außer acht läßt (11. . . .Sc6? 12.d7 +—; 11. . . . Sd7? 12.Lxe6† +—). Denn 10. . . . cxd6? (10. . . .fxe5? 11.Dc4† Kh8 12.Dxc5; 10. . . .Lxd6? 11.Lc4† Le6 12.Lxe6† Txe6 13.Dc4 +—) 11.Lc4† d5 (11. . . .Le6 12.Lxe6† Txe6 13.Dd5 Da5† 14.Kd1 +—; 11. . . .Kf8 12.Dxh7 oder 12.Lf7 usw.) 12.Lxd5† Kf8 13.Lf7 Te7 14.Dxh7, und Weiß gewinnt.

11.Lc4†

11.Le3 Lxe3 (oder 11. . . .Le6, nicht aber 11. . . .fxe5? 12.Dc4†!) 12.Lc4† Le6 stellt nur die Züge etwas um.

11. . . .Le6 12.Le3!

Ursprünglich sah die Analyse des Verfassers an dieser Stelle 12.Lxe6†?! Dxe6 13.Sc3 fxe5?! 14.f5 Df7 15. Lg5! vor. In der Partie *Kindermann – Dr. Eckert,* Bundesliga 1979, verteidigte sich der Nachziehende präziser: 13. . . .Sd7! 14.Ld2 (der Läufer gelangt nicht nach g5!) 14. . . .fxe5 15.f5 Df7 16.0-0-0 (16. Lg5?!), und nun wäre 16. . . .Sf6! am Platze gewesen, etwa 17.Dxb7 e4 18.Lg5 Tab8 (18. . . .Sg4 19.Dd5!?) 19.Dc6 Dc4! 20.Da4 Tb4!.
Die gesamte Kombination 10.d6! . . . 12.Le3! verläuft verblüffend analog zur Partie *Blackburne – Marco,* Berlin 1897 (vgl. Diagramm 12, S. 21). Der Textzug mildert die Fesselungswirkung von Te8, was ein Erstickungsmatt-Motiv auftauchen läßt: 12. . . .Lxe3 13.f5 Lxc4? 14. Dxc4† (leitet das „erstickte" Matt ein) 14. . . .Kh8 15.Sf7† Kg8 16. Sh6†† Kh8 17.Dg8† Txg8 18.Sf7 #.

12. . . .Lxe3

12. . . .Sd7 (12. . . .Lxc4 13.Dxc4† +—; 12. . . .fxe5? 13.f5 Lf7 14. Lxf7† +—; 13. . . .Lxe3 14.Lxe6† Txe6 15.fxe6 Lc1 16.Dxb7 +—) 13.f5! Dxe5 (13. . . .Lxe3 14.Lxe6† ist nicht besser) 14.Dxe5 Sxe5 15. Lxe6† Txe6 16.fxe6 Lxe3 17.Sc3 ±.

13.f5! Dd4!

Alles andere bereitet Weiß kein Kopfzerbrechen: 13. . . .Dxe5 (13. . . .Lxc4? 14.Dxc4† +—; 13. . . . Db4†?! 14.c3 Dxb2 15.fxe6! fxe5 16.e7† Kh8 17.Ld3! +—) 14.Dxe5 fxe5 15.Lxe6† Kh8 16.Sc3 +=.

14.Dxd4 Lxd4 15.Lxe6† Txe6 16. fxe6 Lxb2

16. . . .Lxe5? 17.Sc3 Sc6 18.0-0-0 Sd4 19.The1 Te8 20.g3 Sxe6 ±.

17.Sd3 Lxa1 18.c3

Diagramm 17

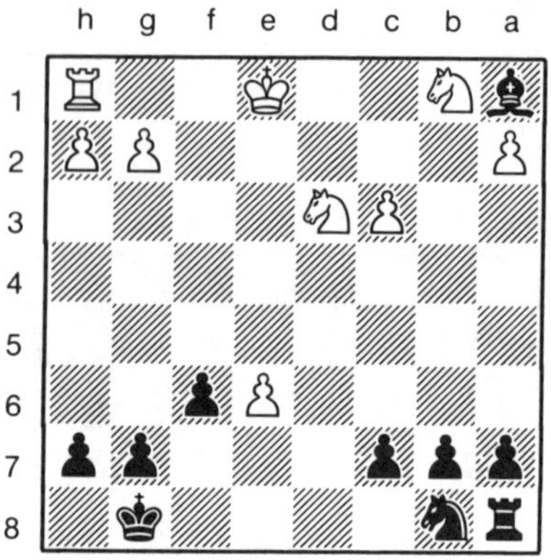

Stellung nach 18.c3

Das Resultat der nahezu forcierten Abwicklung 10.d6! — der schwarze Läufer hinter Schloß und Riegel. Weiß plant, demselben mit Kd2/Sa3 oder Ke2/Tc1/Sd2 auf den Leib zu rücken.

18. . . .a5!

Die Rettungsexpedition naht. Alternativen:

a) 18. . . .b5 19.a4 a5? (19. . . .c6 kann Zugumstellung zur Textvariante werden) 20.axb5 a4 (20. . . .c6 21.c4!) 21.Sa3! Lxc3† 22.Ke2 c6 23.Tc1 La5 24.bxc6 Lc7 (24. . . . Sa6 25.Tc4) 25.Sb5 Sa6 26.Sc5! Sxc5 27.Sxc7 Tc8 28.e7 +—.

b) 18. . . .Sc6 19.Kd2 b5 (19. . . . Te8?! 20.Sa3 Lxc3† 21.Kxc3 Txe6 22.Te1 usw.) 20.Sa3 b4 21.cxb4 Se5 (21. . . .Ld4 22.Tc1 Sxb4 23. Sxb4 Lb2 24.Txc7 Lxa3 25.Sc6 +—; 21. . . .Le5 22.b5 usw.) 22.Txa1 Td8 23.Sb5 c6 24.Sxa7 Txd3† 25. Kc2 Td6 26.Td1 Txe6 27.Td8† Kf7 28.Sc8! +— (28.Tc8 f5!).

c) 18. . . .Sa6 19.Kd2 b5 20.Sa3 b4 21.cxb4 Ld4 22.Tc1 Te8 23.

b5 Txe6! 24.Tc4 Le3† 25.Kc2 Sb8 26.Txc7 Kf8 (26. . . .Te8?!) +=; 24.bxa6!? Le3† 25.Kc3 Lxc1 26. Sxc1 Txa6 27.Sc4 ±.

19.a4

Sonst hätte die gegnerische Befreiungsaktion Erfolg. Man sehe: 19. Ke2 (19.Kd2 b5 20.Tc1 Sa6 21. Sa3 Lxc3†! oder 21. . . .b4; 19. Kf2 b5 20.Tc1 b4 21.cxb4 axb4 22.Txc7 Sa6 =; 19.0-0? Sc6 20. Tc1 Td8) 19. . . .a4!? 20.a3 Ta6 21.Tc1 (21.e7!? Kf7 22.Tc1) 21. . . . Txe6† 22.Kd1 Sc6 (22. . . .Tb6 23.Sb4 c5 24.Sd3 c4 25.Sb4 Td6† 26.Kc2 b5 27.Sd2 Lb2 =+) 23. Sd2 Te3 24.Kc2 Se5! 25.Sxe5 Txc3† nebst Txc1†, Lxe5 —+.

19. . . .c6!

19. . . .Ta6? (19. . . .b5? ist Zugumstellung: Anmerkung (a) zum 18. . . .Zug) 20.Kd2 Tc6 (20. . . . Tb6 21.Kc2 Tc6 22.Kb3) 21.Tc1 Sa6 22.e7 Kf7 23.Sa3 Sc5 24.Sxc5 Lb2 25.Te1! +—.

20.Kf2!?

Vielleicht präziser als 20.Ke2 b5 21.axb5 (21.Tc1 b4! =) 21. . . . cxb5 22.Tc1 (22.Sa3 b4!) 22. . . . Sc6! (nicht 22. . . .b4? 23.cxb4 — Grundlinienmatt durch Tc8 liegt in der Luft) 23.Sd2 Lxc3! (23. . . . Sd4†? oder 23. . . .Te8? 24.Txa1 Txe6† 25.Kd1 Te8 26.Kc2 Tc8 27. Sf3) 24.Txc3, denn nun erzielt Schwarz aufgrund der weißen Königsposition einen Tempogewinn mit 24. . . .Sd4† 25.Ke3 Sxe6; diese Stellung bietet dem Nachziehenden gute Aussichten auf ein Remis.

(s. Diagramm 18)

Diagramm 18

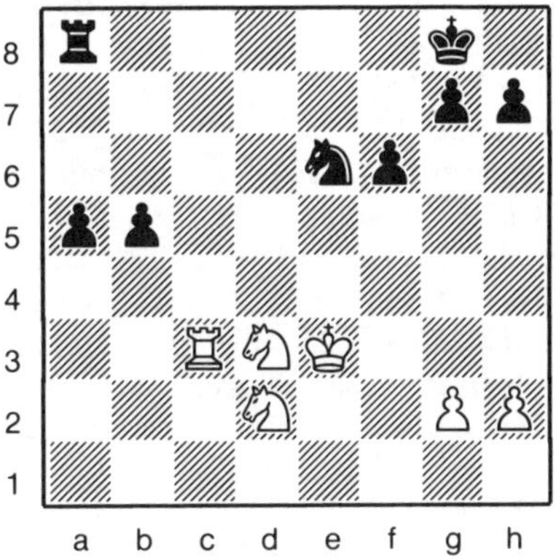

Stellung nach 25. . . .Sxe6

Insbesondere darf ja Weiß seine restlichen Bauern nicht im Stich lassen, während er die feindlichen Freibauern vereinnahmt: 26.Tc6 Te8 27.Tb6 Sc5† 28.Kd4 Td8† 29. Kxc5 Txd3 30.Se4 b4 31.Sd6 h5 32.Sc4 Tc3 33.Kd4 Tc2 34.Se3 Tf2 35.Tb5 h4 36.h3 Tf4† usw. Unter Umständen könnte Schwarz den Springer für die Bauern h2, g2 geben.

Daß Weiß mit dem Textzug in Vorteil kommt, hat H. E. Myers nachgewiesen. Immerhin kann von einem zwingenden Gewinn noch keine Rede sein, und gewiß läßt sich für beide Seiten noch manches entdecken.

20. . . .b5

20. . . .Sa6 (20. . . .Ta6? 21.Tc1 Tb6 22.Sd2 Lb2 23.Tb1? Lxc3 24. Txb6 Ld4†, jedoch 23.e7! Kf7 24. Te1 Ke8 25.Sc4 +— Myers) 21. Tc1 Sc7 22.Sd2 Td8 23.Ke2 Lxc3 (23. . . .Sd5? 24.c4 +—) 24.Txc3 Sxe6 25.Sc4 ±.

21.axb5 cxb5 22.Tc1 b4

Hochinteressant ist auch 22. . . . Ta6 (22. . . .Sc6?! 23.Sd2 Td8 24. Ke3! Se7 25.Txa1 Sd5† 26.Kf2 Sxc3 27.e7! +— Myers) 23.Sa3 (23.Sd2 Td6 24.Ke2 Txe6† 25.Kd1 Td6 26.Kc2 Lxc3!? — vgl. mit 20. Ke2, Diagramm 18) 23. . . .b4 (23. . . .Td6? 24.e7 Kf7 25.Te1 Ke8 26.Sxb5 Td7 27.Sc5 +—) 24. cxb4 Ld4† 25.Kf3 Tc6 26.Sb5! (26.bxa5? Txc1 27.Sxc1 Lb2), z. B. 26. . . .Txc1 27.Sxc1 Lb6? 28. e7 Kf7 29.Sd6†! +—.

23.cxb4 Kf8!

Mit weißem Vorteil, der sich allerdings wegen des verringerten Materials leicht verflüchtigen kann.

Fazit: *7. . . .0-0!? ist keineswegs leicht zu widerlegen, wie so oft behauptet wurde. Da die alte Hauptvariante 7. . . .Lf5 Weiß offenbar klaren Vorteil überläßt, sollte man sich mit 7. . . .0-0 in Zukunft näher befassen. Immerhin bleibt Weiß auch hier nachweisbar ein Plus bei 10.d6 . . . 20. Ke2/20.Kf2, in faszinierenden Endspielgefechten (früher spielte man Königsgambit als „blindwütiger" Angreifer, heute als – Endspielvirtuose!).*

Das Nimzowitsch-Gegengambit 2. . . .d5 3.exd5 c6!?

3. . . .c6 findet sich zwar auch in älteren Quellen (Philidor, Jänisch, Lange), doch erst Nimzowitsch hat sich des Zuges in wichtigen Partien bedient (*Spielmann – Nimzowitsch*, München 1906). An sich ein eigenständiges System im Umfeld Falkbeer-Gambit/Moderne Variante, reiht man es bequemlichkeitshalber meist als „Spielart" des Falkbeer-Gambits ein.

2. . . .d5 3.exd5 c6!?

3. . . .Lc5!? 4.Sc3 (4.Sf3?! e4 5.d4 exf3 ist weniger vorteilhaft: Zugumstellung zu 2. . . .Lc5 3.Sf3 d5!?) 4. . . .Sh6 5.Sf3 Lg4 6.fxe5 Sf5 7.Le2? (7.Ld3! Sd4 8.Le2 Sf5 9. Se4 oder 7. . . .Sh4 8.De2) 7. . . . Lxf3 8.Lxf3 Dh4† 9.g3 Sxg3 10. hxg3 Dxg3† 11.Ke2 Df2† 12.Kd3 Sc6! 13.Sb5 geschah zum Vorteil für Schwarz in einer Partie *Hebden – Miles.*

4.Sc3!

Am besten. Weiß plant 5.fxe5, da Feld e4 nun überwacht ist (und daher 5. . . .Dh4† 6.g3 De4† unspielbar). Falls 4. . . .Lb4, so nicht 5.fxe5? Lxc3, sondern 5.Sf3 Lxc3 6.dxc3 e4 7.Se5 cxd5 8.Lb5† Kf8 9.Le3 mit deutlichem Vorteil für Weiß (Rubinstein). Ferner ist der Textzug ein ungekünstelter, kräftiger Entwicklungszug, was man von den Alternativen nicht sagen kann: 4.De2 (4.Df3 exf4 Breyer-Gambit; 4.d3 cxd5 5.fxe5 Sc6 6.Sf3 Lg4 7. Le2 Lxf3 8.Lxf3 Dh4† 9.g3 Dd4 oder 4.dxc6 Sxc6 5.Sf3 e4 6.Se5 Lc5 E/G bieten Schwarz gute Aussichten) 4. . . .cxd5 5.fxe5 (5. Dxe5†?! Le7 6.Dxg7? Lf6 —+) 5. . . .Sc6 6.c3 d4! 7.Sf3 Sge7 8. d3 Sg6 =+ *Aljechin – Johner*, Karlsbad 1911.

4. . . .exf4

(s. Diagramm 19)

Wenig befriedigt die Begründung der „Bücher", warum 4. . . .cxd5 5.fxe5 schlechter sei: 5. . . .d4 (5. . . .Sc6!? 6.Lb5 += oder 5. . . .Lc5 6.Lb5†) 6.Se4 (uns scheint 6.Lb5†

Diagramm 19

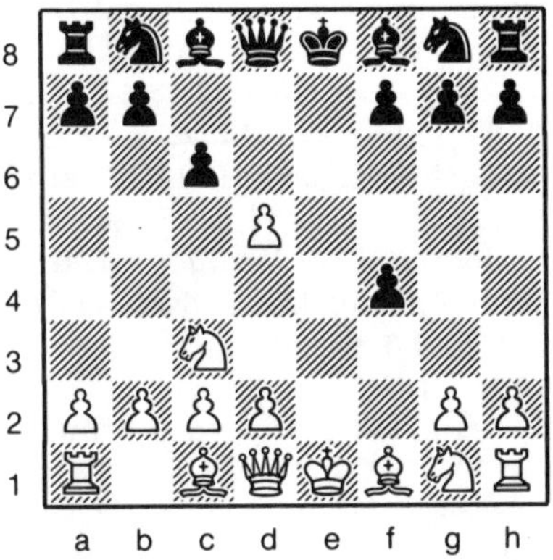

Stellung nach 4. . . .exf4

genauer) 6. . . .Dd5 (6. . . .Sc6 7.Sf3 Dd5 8.Sf2 Lf5 9.Ld3 Lg6 10.0-0 *Teichmann – Marshall,* Baden 1914) 7.De2 (das originelle 7.Ld3 wird meist empfohlen, unter Berufung auf die glänzende Partie *Opocensky – Johner,* Baden 1914: 7. . . . Sc6 8.De2 Sh6?! 9.Lc4 Da5 10. Sf3 Lg4 11.Sd6†!? Lxd6 12.exd6† Kd7 13.0-0 The8 14.Df2 Se5? 15. Sxe5† Dxe5 16.d3 g5 17.Ld2 Le2 18.Tae1 Kc6 19.Df6!, und Weiß gewann leicht. Thimann sieht jedoch 14. . . .Sf5! 15.Lxf7 Tf8 als unklar an und schlug 11.0-0! vor. Aber Schwarz kann einfach 8. . . .Sxe5! 9.Lb5† Ld7 10.Lxd7† Kxd7 — Marco — spielen. 7.d3 Sc6 8.Sf3 Lf5 9.Sg3 Lg4 10.Le2 Lb4† 11.Kf2 Sge7 =, *Hebden – Tempone,* Chicago 1983) 7. . . .Sc6 8.Sf3 Lg4 9.c4 dxc3 e.p. 10.dxc3 0-0-0 11.Lf4 Sxe5 12.Lxe5 Lxf3 13.Dxf3 Dxe5 14. Le2 mit leichtem Vorteil (wegen der etwas zugigen Stellung des schwarzen Königs), *Tscheremissin – Kantorowicz,* Moskau 1965.

5.Sf3 Sf6

Etwa gleichrangig ist 5. . . .Ld6 6.Lc4 (6.d4?! Se7 7.dxc6 Sbxc6 8.d5 Sb4 9.Lc4 *Hebden – Henley,* New York 1983; 9. . . .Lf5! 10. Sd4 Lc5 11.Sxf5 Sxf5 12.Lb5† Kf8 13.Lxf4 Dh4† 14.g3 De7† 15.Le2 Sd4 16.Tc1 Te8 17.a3? Sa2! Henley) 6. . . .Se7 7.0-0 0-0 8.dxc6 Sbxc6 9.Se4 Lb8 10.d4, während 5. . . .cxd5 6.d4 Sc6 7.Lxf4 Ld6 schon aufgrund der Bauernstruktur günstig für Weiß sein dürfte (z. B. 8.De2† Le6 9.Sxd5 Da5† 10.Kf2 Dxd5 11.c4 Df5 12.Lxd6 Sxd4 13.De5).

6.d4 Ld6

a) 6. . . .Sxd5?! (6. . . .Lb4 7.dxc6 Sxc6 8.Lxf4 E/G) 7.Sxd5 Dxd5 8.Lxf4 De4† 9.De2 Dxe2† 10. Lxe2 Le7 11.0-0 mit Entwicklungsvorsprung, *Stoltz – Brinckmann,* Swinemünde 1932.

b) 6. . . .cxd5 7.Lxf4 Ld6 8.Lg5 Le6 9.Ld3 Sbd7 10.0-0 h6 11.Lh4 0-0 12.Dd2 += Db8 13.Tae1 Lf4 14.De2 Te8 15.Se5 g5 16.Txf4! gxf4 17.Df3 ± *Hellers – Klaric,* Amsterdam 1985.

7.De2†!

Ganz regelmäßig strebt Weiß im Königsgambit Damentausch an, da er im Zentrum meist über ein Bauernübergewicht verfügt, was im späten Mittelspiel (bzw. frühen Endspiel) einen nicht zu unterschätzenden Vorteil bildet. Im vorliegenden Falle war die weiße Dame zudem recht eingeengt und ihrer Antipodin an Wert also unterlegen.

7. . . .De7

7. . . .Kf8 8.Se5 cxd5 9.Lxf4 Sc6 10.0-0-0, z. B. 10. . . .Lxe5 11. dxe5 Lg4 12.Dd2 Lxd1 13.exf6

Lh5 (13. . . .Lg4 14.Sxd5!) 14. fxg7† Kxg7 15.Lh6† Kg8 16.Dxd5 Lg6 (16. . . .Lg4 17.Se4? Dh4; 17.Lc4) 17.Lc4 (E/G), und Weiß gewinnt.

8.Dxe7† Kxe7 9.Lc4

9.Se5 Sxd5 (9. . . .Lxe5?! 10.dxe5 Sxd5 11.Sxd5† cxd5 12.Lxf4 The8 13.0-0-0 Le6 14.Le2 mit Vorteil [1:0, 22], *Moles – Ligterink,* Groningen 1969) 10.Sxd5† cxd5 11. Lxf4 f6 12.Sd3 Sc6 13.0-0-0 Lxf4† 14.Sxf4 Kd6 = *Tatenbaum – Estrin,* Moskau 1959.

9. . . .Lf5

9. . . .b5!? 10.Lb3 b4 11.Se2 Sxd5 12.Lxd5 cxd5 13.Lxf4 Lf5! (13. . . .Lxf4 14.Sxf4 nebst 15.a3, Tscheremissin) 14.Tf1? (14.Lxd6† Kxd6 15.Se5! +=, z. B. 15. . . .Tf8 16. Tf1 Lg6 17.a3) 14. . . .f6 15. Lxd6† Kxd6 16.Se5 Lg6 17.Sxg6 hxg6 18.h3 Sc6 =+ (=, 78) *Bücker – Rajna,* Budapest 1984.

10.0-0

Diagramm 20

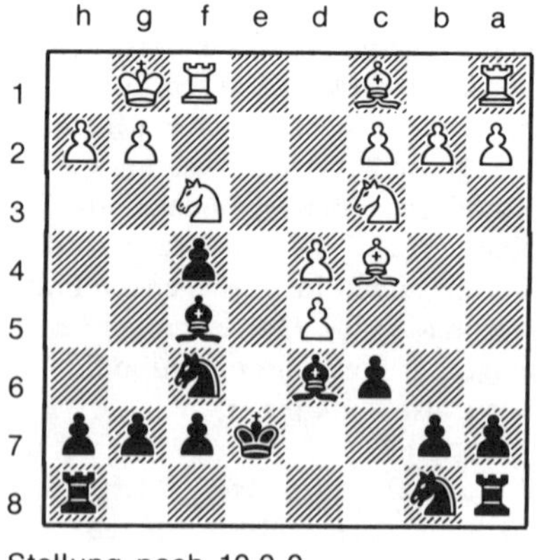

Stellung nach 10.0-0

Kein schlechter Zug, aber Euwes 10.Se5! ist zwingender: 10. . . .Lxc2 (10. . . .Lxe5 11.dxe5 Sxd5 12.Lxd5! usw.) 11.dxc6 Sxc6 12. Sxf7 The8 13.0-0 mit Vorteil (Euwe).

Ungefährlich sind 10.Lb3?! cxd5 11.Sxd5† Sxd5 12.Lxd5 Sc6 13. c3 f6 (*Filzer – Neustadt,* Moskau 1956) und 10.dxc6?! Sxc6 11.Sb5 Lb8 12.0-0 Td8! =.

10. . . .Td8!

Glaskow hat gezeigt, daß Schwarz mit 10. . . .Lxc2 11.Se5 b5 = keinen Ausgleich sicher hat, da 11.Te1† (oder 11.dxc6 Sxc6 12.Sb5 Lb8 13. d5) 11. . . .Kf8 12.dxc6! Sxc6 13. Se5 oder 13.Sb5 Lb8 14.Se5 günstig für Weiß ist.

Auch 10. . . .cxd5 reicht nicht aus: 11.Sxd5† Sxd5 12.Lxd5 Sc6 13.c3 f6 usw., *Tscheremissin – Abelman,* Moskau 1956.

Der Textzug (**10. . . .Td8!**) stellt eine Verbesserung dar, ohne allerdings das Spiel gänzlich ausgleichen zu können: 11.Te1† Kf8 12.Se5 cxd5 13.Sxd5 (13.Lxd5 Sxd5 14.Sxd5 Sc6) 13. . . .Lxe5 14.Txe5 Le6 15.Txe6!? (15.Sc7? Lxc4 16.Sxa8 Sbd7) 15. . . .Sxd5!, und nach beispielsweise 16.Lxd5 Txd5 17.Te4 Sc6 18.c3 g5 behält Weiß leichten Endspielvorteil.

Fazit: *Nimzowitschs Gegengambit (2. . . .d5 3.exd5 c6) ist solider als die Falkbeersche Behandlungsweise (mit 3. . . .e4); wie in der Modernen Variante stützt sich der weiße Vorteil auf die bessere Bauernstruktur, ist also eher klein (aber dauerhaft).*

Kapitel III
Schwarz lehnt das Königsgambit ab (Rest)

Die Ablehnung erfolgt meist durch 2.. . .Lc5 oder 2.. . .d5, denn diese beiden Züge hat man seit etwa hundert Jahren immer wieder als „Widerlegungen" des Königsgambits gehandelt.

Wir behandeln hier: **2. . . .Sf6** (A), **2. . . .Sc6** (B) — passive, aber immerhin recht verläßliche Verteidigungswege, deren größter Vorzug in ihrer ausgeprägten Vereinfachungstendenz besteht. Ganz anders die dann folgenden modernen Gegenangriffe: **2. . . .Dh4†!?**, (C), **2. . . . Df6!?** (D), welche in ganz hypermoderner Manier eine ambitionierte Gegenpolitik betreiben.

A 2. . . .Sf6

2. . . .Sf6

2. . . .d6 (2 . . .f5? 3.exf5; 2. . . . c6!?, Stein, kann zu Kapitel II führen via 3.Sc3 d5 4.exd5: Nimzowitsch-Gegengambit; 2. . . .c5!?) 3.Sf3 (genauer vielleicht 3.Sc3, z. B. 3. . . .exf4 4.Lc4 Dh4† 5. Kf1 Le6 6.De2 mit Vorteil, *Fischer – Evans,* New York 1964. Auch das symmetrische 3.d3 bewahrt einen kleinen Vorteil; dann z. B. 3. . . .c5, um dem Geschlossenen Sizilianer zuzustreben) 3. . . .exf4 (sonst evtl. 4.d4) 4.Lc4 h6, siehe Kapitel VIII.

Der Textzug hat gegenüber 2. . . . Lc5 diverse Nachteile in psychologischer Hinsicht: In der (günstigen) suggestiven Variante 3.fxe5 Sxe4 4.Sf3 wird Weiß kaum fehlgehen können. Außerdem muß Schwarz noch für 3.Sc3 (Wiener Partie) und 3.Se2 (Alapin) gewappnet sein.

3.fxe5 Sxe4 4.Sf3 Sg5

4. . . .d5 (4. . . .d6? 5.De2 d5 6.Sc3 E/G) 5.d3 Sc5 6.d4, und Weiß wird seinen zeitlichen Vorsprung ausnutzen können, da er durch Angreifen von d5 (mit c4, Sc3) bzw. e4 (nach 6. . . .Se4) weiterhin im Besitz der Initiative bleiben wird:

Diagramm 21

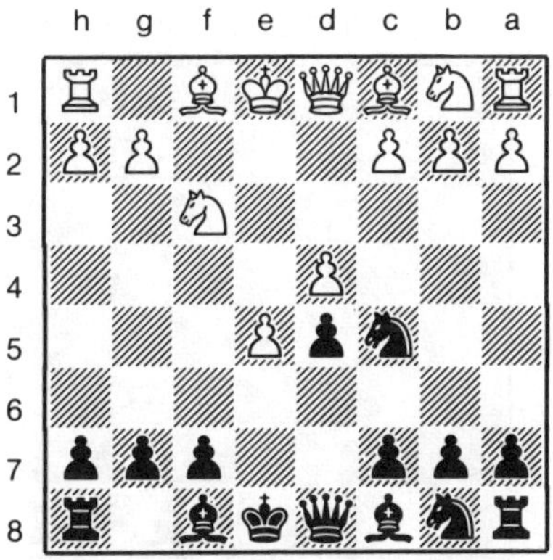

Stellung nach 6.d4

a) 6. . . .Se6 7.c4 Lb4† (7. . . .c6 8.Sc3 Le7 9.Le3 0-0 10.Dd2 b6 11. Ld3 Sa6 12.cxd5 cxd5 13.Td1 += *Bronstein – Cholmow,* Wilna 1975; 8. . . .Lb4!?. 7. . . .Sc6?! 8.a3) 8. Ld2 Lxd2† 9.Dxd2 c6 10.Sc3 0-0 11.Tc1 += Sc7? (11. . . .b6 nebst La6, Minic) 12.cxd5 cxd5 13.Ld3 (der schwarze Königsflügel ist kaum gesichert) 13. . . .Lg4 14.Sg5! f5 15.h3 Lh5 16.0-0 Lg6 17.Sb5 Sba6 18.Sd6 h6 19.Sf3 ±; die schwarze Position weist viele Schwächen auf; (1:0, 48), *Bronstein – Jussupow,* Moskau 1981.

b) 6. . . .Se4 7.Ld3 (auch 7.Sbd2 ist gut; 7.c4!? Bilguer) 7. . . .Le7 (7. . . .Lg4) 8.0-0 0-0 (auf 8. . . .c5 ist 9.c4! stark) 9.Sbd2 Sxd2 10.Lxd2 mit klarem Vorteil dank der um vieles aggressiveren Figurenstellung, z. B. 10. . . .c5 11.dxc5 Lxc5† 12. Kh1 Lg4 13.De1 Sc6 14.Lxh7†! mit siegreichem Angriff, *Rohde – Martz,* Lone Pine 1977.

5.d4!

Diagramm 22

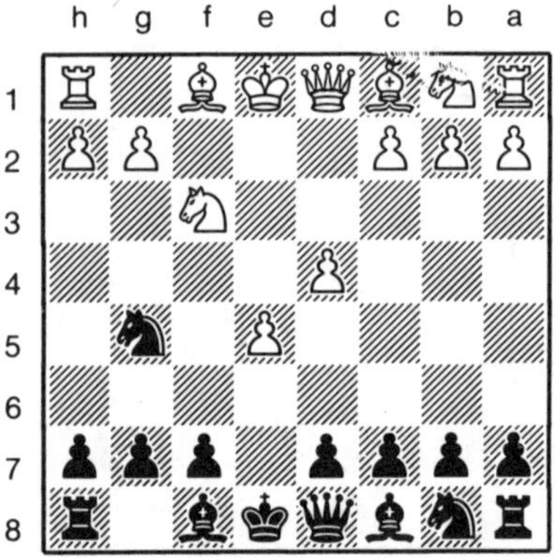

Stellung nach **5.d4!**

Nach dem hiermit angebotenen Damentausch bleibt dem Weißen ein kleiner Endspielvorteil; trotz der Einfachheit der Position fällt es aber Schwarz nicht leicht, gänzlich auszugleichen. Gleichfalls spielbar sind die schärferen Alternativen:

a) 5.c3 d5! (5. . . .Sxf3† 6.Dxf3 Dg5?! 7.Le2 Dxe5 8.0-0 De7 9.d4 c6 10.Dg3 d5 11.Lg5 f6 12.Lh5† Kd8 13.Te1 fxg5 14.Txe7 Lxe7 sollte vorteilhaft für Weiß sein, obwohl in *Tschigorin – Bernstein,* Kiew 1903, Schwarz gewann. 5. . . .d6 6.d4 Sxf3† 7.Dxf3 Dh4† 8.g3 Dg4 += Rawinski) 6.d4 (6.d3 Se6; 6.exd6 e.p. Lxd6 7.De2† Kf8 8.d4 h6!) 6. . . . Le7! nebst Lg4 (oder Lf5).

b) 5.Sc3!? Sc6 6.d3 Sxf3† 7.Dxf3 Dh4† 8.g3 Dd4 9.Le3 Sxe5 10.De2 Db4 11.0-0-0 d6 ∞; *Gheorghiu – Mabbs,* London 1971.

c) 5.Lb5!? c6 6.0-0 cxb5 7.d4 ist ein gewagtes Figurenopfer; 7. . . .Se6 (schlechter 7. . . .Sxf3† 8.Dxf3 De7 9.Sc3 oder 7. . . .Se4 8.De2 d5 9.exd6 e.p. f5 10.Sc3, Hay) 8.d5 Lc5† 9.Kh1.

Diagramm 23

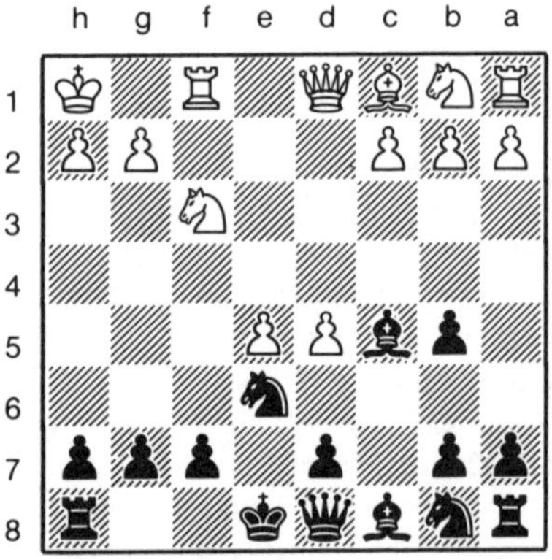

Stellung nach 9.Kh1

9. . . .d6!? (nicht 9. . . .Sc7? 10.Sg5 0-0 11.Dh5 h6 12.Se4 Ld4 13. Sf6†! Pachman, und auch Pachmans 9. . . .0-0 10.dxe6 dxe6 11.De2 bietet Weiß mancherlei Chancen) 10.dxe6 Lxe6 11.Sg5 d5, etwa gleich.

5. . . .Sxf3† 6.Dxf3 Dh4† 7.Df2 Dxf2† 8.Kxf2 d6!

8. . . .Sc6?! 9.c3 (9.Le3?! d6 10.exd6 Lxd6 11.Sc3 Lf5 =+ *Bronstein – Bernstein,* Paris 1954) 9. . . .d6 10. exd6 Lxd6 11.Sd2 Lf5 (11. . . .Le6 12.Se4 Le7 13.Sg5! Lxg5 14.Lxg5, und Weiß gewann, *Fischer – Wade,* Vinkovci 1968) 12.Sc4 Le7 13.d5 Lc5† 14.Le3 Lxe3† 15.Sxe3 Se7 16.Sxf5 Sxf5 17.Ld3 += *Johannessen – Wade,* Zevenaar 1971.

9.exd6

9.Lf4?! (Kortschnoi) Sc6 10.Lb5 Ld7 11.exd6 (11.Te1? Sxd4) Sxd4 12. Lxd7† Kxd7 13.dxc7!? Se6! (13. . . . Sxc2?! 14.Td1† Ke6 15.Tc1 Lc5† 16.Kf3) 14.Td1† Kc6!, und Schwarz steht gut. Oder 10.exd6 Sxd4 11. dxc7 Se6 (11. . . .Sxc2?! 12.Sc3 ∞) 12.Le3 = (12.Lb5† ist Zugumstellung zu 10.Lb5).

9. . . .Lxd6 10.Sd2 Lf5 11.c3 +=

Diagramm 24

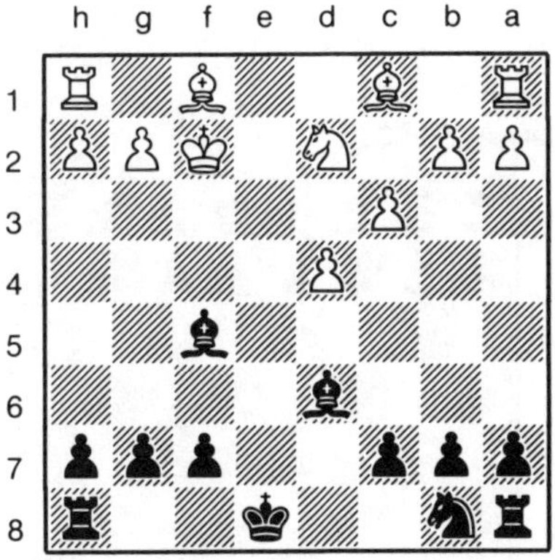

Stellung nach 11.c3

Mit 11. . . .Sc6 kann Schwarz nun die obige Variante 8. . . .Sc6 erreichen. Auch existieren weitere Möglichkeiten aufgrund der veränderten Zugfolge: 11. . . .c6 12. Sc4 Lc7 13.Lg5! f6 14.Te1† Kf7 15.Lh4 — was allerdings noch unbequemer für Schwarz wäre.

B 2. . . .Sc6

2. . . .Sc6 3.Sf3 exf4!?

Estrin und Glaskow schlugen diese verzögerte Gambitannahme vor, und nach 4.d4 d5! (4. . . .g5 siehe Kapitel VI, Kommentar zum dritten Zug von Schwarz: 3. . . .Sc6 4.d4 g5) 5.exd5 Dxd5 6.Lxf4 Lg4 seien „alle Schwierigkeiten vorbei“. Wenn das zuträfe, erhielte der unscheinbare Zug 2. . . .Sc6 einen ganz neuen Stellenwert innerhalb des Königsgambits: Weiß müßte mit 4. oder 3. Sc3 in die Wiener Partie einlenken und sich noch weitere Kenntnisse aneignen, z. B. vom Steinitz-Gambit, Pierce-Gambit oder Hamppe-Allgaier-Gambit. Wie wir sehen werden, ist das aber gar nicht erforderlich.

Die beiden älteren Möglichkeiten sind weniger ambitioniert:

a) 3. . . .Lc5?! (Zugumstellung zu 2. . . .Lc5 3.Sf3 Sc6?!) 4.fxe5 (Saizews 4.Sxe5 sollte nicht mit 4. . . . Sxe5 5.d4, sondern mit 4. . . .De7 beantwortet werden) 4. . . .Sxe5 (4. . . .d6, Schlechters Anregung, 5.exd6 Dxd6 6.c3! Lg4 7.d4 0-0-0 8.Le3 f5 9.Dc2 Lxf3 10.gxf3 Lb6 11.Sd2 mit Vorteil, *Chawski – Iwanow,* Leningrad 1971) 5.d4 (5.Sxe5) 5. . . .Sxf3† 6.gxf3 Dh4† 7.Ke2 Lb6 8.Sc3 mit gutem Spiel für Weiß (Zukertort).

b) 3. . . .d6 4.Lb5 Sf6 (4. . . .Lg4

5.0-0 a6 6.Lxc6† +=) 5.Sc3 Ld7 6.d3 exf4 7.Lxf4 Le7 8.0-0 0-0 9.d4 Le8 10.Dd2 Sd7 11.Tae1 Lf6 ± (Kortschnoi). Oder 4. . . .exf4? 5.d4 g5 6.d5 a6 7.Dd4 Df6 8.Da4.

4.d4 d5! 5.exd5

5.Sc3!? Sf6 6.exd5 Sxd5 7.Sxd5 Dxd5 8.Lxf4 Lg4 9.Lxc7!?, und das Abtauschen der Springer b1/g8 wertet die Variante 7.Lxc7 (s. u.) zugunsten von Weiß auf; 5. . . .Lb4.

5. . . .Dxd5 6.Lxf4

6.Sc3 Lb4 7.Lxf4 Da5 „und weiter Lg4 mit gutem schwarzem Spiel" (E/G). Jedoch 8.Kf2 (8.Ld2!? mit 9.a3) 8. . . .Sf6 (8. . . .Lxc3 9.bxc3 Dxc3? 10.d5 mit der Drohung 11. Le5) 9.Sb5, und die Lage ist höchst brisant, z. B. 9. . . .Sd5 10.a3 Le7 11.b4 (11.Ld2) Db6 12.c4! Sxf4 13.c5 +—.

6. . . .Lg4

Diagramm 25

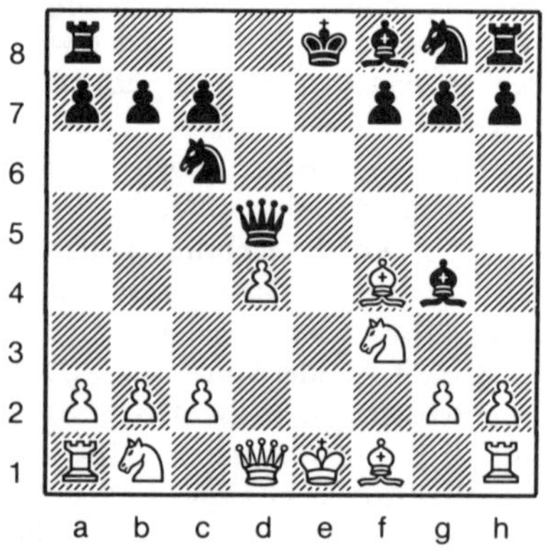

Stellung nach 6. . . .Lg4

7.Sc3

7.Lxc7?! Lxf3 8.Dxf3 Dxf3 9.gxf3 Sxd4 mit besseren schwarzen Aussichten (E/G).

Nach dem Textzug geben Estrin und Glaskow noch 7. . . .De6† an (7. . . .Lb4 8.Lxc7!?), mit weiterer langer Rochade. Weiß könnte beispielsweise so reagieren: 8.De2 0-0-0 (8. . . .Lxf3 9.Dxe6† fxe6 10.gxf3 0-0-0 11.Lc4 Sxd4 12.0-0-0 ergibt durch Zugumstellung die gleiche Position; 8. . . .Sxd4 9.Sxd4) 9. Dxe6† fxe6 10.Lc4 Sxd4 11.0-0-0 Lxf3 (11. . . .Sc6 12.Tde1; 11. . . . c5?! 12.Sxd4! cxd4 13.Sb5; 11. . . . Sxf3 12.gxf3 Lf5 13.Sb5; 11. . . . Lc5?! 12.Le5) 12.gxf3 a6! 13.Le5 Sc6 14.Lxe6† Kb8 15.Txd8† Sxd8 16.Lxg8! Txg8 17.Sd5 mit Endspielvorteil für Weiß (17. . . .Ld6 18.Lxd6 cxd6 19.Te1 bzw. 17. . . . Se6 18.Te1 Kc8 19.f4!).

C 2. . . .Dh4†!?

2. . . .Dh4†!? 3.g3 De7

Diagramm 26

Stellung nach 3. . . .De7

Diese Variante ist ein gutes Beispiel dafür, daß auch in uralten Eröffnungen noch frische und überraschende Ideen auftauchen können. 3. . . .Df6?! 4.fxe5 Dxe5 4.Sc3 war schon lange als ungünstig bekannt gewesen; erst R. D. Keenes 3. . . . De7! verlieh dem Ausfall im zweiten Zug einen strategischen Sinn: Wegen der Schwächung g2-g3 kann der Weiße nicht mehr in gewohnter Weise „offensive Entwicklungspolitik" betreiben; insbesondere folgt auf 4.fxe5 unangenehm 4. . . .d6!.

4.Sc3

Die schärfste Fortsetzung. Ob auch die beste, ist nicht sicher. Die wichtigsten weiteren Züge:

a) 4.fxe5 d6! 5.Sf3! (5.exd6 Dxe4† =; 5.b3!? Harding Sc6! 6.d4!? dxe5 7.d5 Db4† 8.Sd2 +=) 5. . . .dxe5 (5. . . .Lg4?! Pachman 6.exd6! Dxe4† 7.Kf2 Lxf3 8.Dxf3 Dxf3† 9.Kxf3 mit Endspielvorteil; 7. . . .Lxd6? 8.Lb5† Kd8 9.Te1 +—) 6.Lc4 Le6 7.Lxe6 += *Kraus - Harding,* Manchester 1972.

b) 4.d3!? d5 (4. . . .exf4!? 5.gxf4! ∞; 5.Lxf4 Db4† 6.Sd2 Dxb2 7.Lxc7 Sc6 8.Dc1 Df6 =+) 5.Sc3 dxe4 6. dxe4 Sf6 (6. . . .Sc6) 7.fxe5 (noch stärker scheint 7.Sf3) 7. . . .Dxe5 8.Sf3 Da5 9.Lc4 (lt. Pachman ein chancenreiches Gambit; vorzuziehen ist vielleicht 9.Ld2; 9.e5!?) 9. . . . Lb4, ∞.

c) 4.De2 (Basman) d6 (energischer 4. . . .exf4 5.gxf4 Dh4† 6.Df2 Dxf2† 7.Kxf2, etwa =) 5.d3 Sc6 6.Sf3 +=.

4. . . .exf4

Keene selbst wich dem taktischen Schlagabtausch mit 4. . . .d6 aus: 5.Sf3 Lg4 6.h3 Lxf3 7.Dxf3 Sf6 *(Milner-Barry - Keene,* London 1969) und nun 8.Lc4! oder 8.d3 (Kortschnoi).

5.gxf4!

5.d4 fxg3 6.Lf4 Sf6 7.e5 d6 = Keene.

5. . . .Dh4†

Von Pachman als zu riskant bezeichnet; 5. . . .d5!? 6.Sxd5 Dxe4† 7.De2 Dxe2† 8.Sxe2 Ld6 (soweit Pachmans Analyse) 9.b3 Se7 (9. . . .Sd7 10. Lb2 Sgf6!?; 9. . . .Lf5 10.Lg2 Sc6 11.Se3 Sge7) 10.Sxe7 Lxe7 11.Lb2 0-0 12.Tg1 f6 13.0-0-0 nebst Lg2 und die weißen Läufer sind sehr wirksam postiert.

6.Ke2 d5 ∞

Nach 6. . . .Dxf4 7.Sf3 Df6 8.d4 Dd8 9.Lf4 ist Weiß für den geopferten Bauern ausreichend entschädigt. Der Textzug 6. . . .d5 führte in der Partie *Stuart - Dobrev,* Groningen 1985, zu einem reizvoll-asymmetrischen Materialverhältnis: 7.Sxd5 Lg4† 8.Sf3 Lxf3† 9.Kxf3 Dh5† 10. Kf2 Dxd1 11.Lb5† Kd8 12.Txd1 c6 13.Lc4 cxd5 14.Lxd5 Sc6 15. Lxf7 (Weiß hat nun drei bewegliche Zentrumsbauern für die Figur) **15. . . .Lc5†** 16.Kg2 Sh6 17.Lh5 g6 18.Lf3 Kc7 19.c3 Tad8 20.d4 Lf8 21.Le3 b6 22.Tac1 Lg7 23.b4 The8 24.Lf2 Sf7 25.d5 Sb8 26.c4 g5 27. c5 b5 28.e5 gxf4 29.e6 Se5 30.d6† Kc8 31.e7 Td7 32.c6 Tdxe7 33. dxe7, und Weiß gewann rasch. Schwarz hätte allerdings schon frühzeitig auf das Eindämmen der weißen Bauernflut hinarbeiten sollen, z. B. mit **15. . . .Sf6!** 16.e5?! Lc5† (Sg4†) 17.Kg2 Ke7 usw.

D Die Nordwalder Variante (2. . . .Df6!?)

2. . . .Df6!?

Diagramm 27

Stellung nach 2. . . .Df6!?

Der Vollständigkeit halber sei noch auf 2. . . .Sh6!? hingewiesen, z. B. 3.Sc3 d5!? 4.exd5 (4.Sxd5 c6 5.Sc3 exf4 ∞) 4. . . .Lc5, und wir haben nun gerade die Idee von Miles, 2. . . .d5 3.exd5 Lc5 4.Sc3 Sh6!?, vor uns (Kap. II).

Der Textzug (2. . . .Df6) wurde (wie auch Variante C) von der alten Königsgambit-Theorie kaum ernstgenommen. Das ist auch gar nicht überraschend, da 2. . . .Df6 erst im Rahmen einer konsequent durchgeführten „hypermodernen" Strategie Sinn erhält. Nach dem geplanten 3. . . .Dxf4 verliert Schwarz zwar etwas Zeit beim Rückzug der Dame, doch infolge des Wegnehmens von Bf4 sind später die weißen Durchbruchchancen erheblich verringert. Kurzum: Der **„strongpoint"** (starker Punkt) **e5** soll den Gegner am Verwerten seines zeitlichen Vorsprungs hindern.

1977-80 hat als erster der Verfasser dieses faszinierende Verteidigungskonzept einer eingehenden Untersuchung unterworfen. Das Ergebnis der Analyse:

Aussichten auf weißen Eröffnungsvorteil bietet nur die allerkomplizierteste Angriffsmethode — und auch da ist noch keineswegs alles geklärt. Der früher fast gar nicht beachtete „unseriöse" Zug 2. . . . Df6!? ist wahrscheinlich sogar höher einzustufen als etwa 2. . . .Lc5, 2. . . .d5, 2. . . .Sf6. Nur die „andere" Art, das Gambit anzunehmen (2. . . .exf4!), bedeutet eine echte Konkurrenz für das „Annehmen nach Nordwalder Art"!

Aus Platzgründen können wir leider nicht auf die spannenden Verwicklungen eingehen, welche sich ergeben nach den Zügen: 2. . . .Df6 3.Sc3 Dxf4 4.Sf3 Lb4!? 5.Lc4! Lxc3 6.0-0! f6! 7.dxc3 Dg4 8.Lf7†! Ke7 9.h3 Dg3 10.Sg5!.

Da die Nordwalder Variante * momentan noch relativ unbekannt ist, können wir uns auf die Darstellung einer vollauf gesunden (wenn auch weniger kritischen) Behandlungsweise beschränken.

3.Sc3 Dxf4 4.d4 Dh4†! 5.g3 Dd8 6.dxe5 d6

Bei materiellem Gleichstand ist Schwarz ein wenig in der Entwicklung zurückgeblieben, doch dafür hat Weiß Defekte in seiner Bauernstruktur (Besetzbarkeit von Feld e5, weißfeldrige Schwächen wegen g2-g3).

* unter diesem Titel bei Franckh/Kosmos erschienen.

Diagramm 28

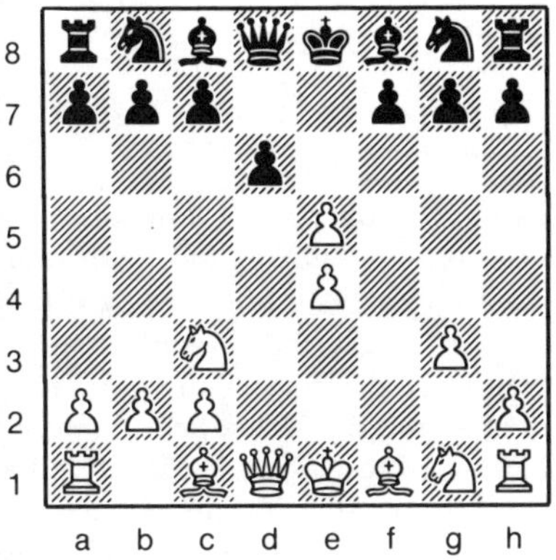

Stellung nach 6. . . .d6

7.exd6

In der oben erwähnten Analyse ist aufgezeigt, daß der Punkt e5 früher oder später in die Hand des Schwarzen fallen wird, z. B. 7.Lc4 (7.Sf3 Lg4) 7.. . .Sc6 8.Sf3 Lg4 9.0-0 Dd7 10.Lf4 0-0-0 11.exd6 Lxd6 12. Lxd6 cxd6 =; Weiß hat etwas Raumvorteil, dafür ist Schwarz beim bevorstehenden Rochadeangriff begünstigt (Schwäche g2-g3). Der einfachere Textzug ist vielleicht ganz gut.

7. . . .Dxd6

7. . . .Lxd6 8.Lf4 Lxf4 (8. . . .De7!? 9.Lxd6 cxd6 10.Sb5 Sf6) 9.Dxd8† Kxd8 10.gxf4 += Lg4 11.h3 Lh5 12.Sge2 Lxe2 13.Lxe2 c6 14.0-0-0† Kc7 15.Thg1 g6 16.e5.

Nach 7.. . .Dxd6 könnte es so weitergehen: 8.Dxd6 (8.Ld3 Le6 9.Lf4 Dd7) 8. . . .Lxd6 9.Sb5 Sf6 (oder 9. . . .Sc6 10.Sxd6† cxd6 11. Lf4 Sf6 12.0-0-0!? Sxe4 13.Te1 d5 14.c4 mit Chancen für beide Parteien) 10.Sxd6† cxd6 11.Lg2 0-0 12.Lf4 Sxe4 13.Lxe4 Te8 14. 0-0-0 Txe4 15.Txd6 Sc6 16.Sf3 mit gleichem Spiel.

Fazit (Kapitel I-III): *Im Abgelehnten Königsgambit kommt der Schwarze nicht zu vollem Ausgleich. Mehr noch: Nicht einmal das so lange gefürchtete Falkbeer-Gegengambit vermag den Anziehenden in eine zeitweilige Defensive zu drängen. Nach dem angeblich besonders soliden 2. . . .Lc5 bringt 3.Dh5!? Schärfe ins Spiel. Eine ungefährdete Initiative hat der Weiße auch in den Spielarten dieses Kapitels, mit Ausnahme von 2. . . .Df6!? (was ja im Grunde als Sonderform des Angenommenen Königsgambits gelten muß); vielleicht wird man die Varianten des Buches „Die Nordwalder Variante" noch hier und da für Weiß verbessern können – warten wir die weitere Entwicklung ab.*

Kapitel IV
Die Moderne Verteidigung 2. . . .exf4 3.Sf3 d5

Wir beginnen die Untersuchung des Angenommenen Königsgambits mit einer besonderen wichtigen Verteigung, dem positionell-schnörkellosen Gegenschlag im Zentrum: 3. . . .d5. Denn gerade diese in ihrer Phantasielosigkeit zerstörerische Methode nahm dem Königsgambit in der Zeit von 1900-1920 seine vielen Anhänger, welche ja meist romantisch-wilde Partien erhofften.

Zuvor hatte man lange versucht, das Gambit mit seinen eigenen Waffen zu schlagen und mit forciert widerlegenden Zugfolgen „vom Brett zu fegen". Das fürchterliche Muzio-Gambit sei inkorrekt, wurde behauptet — gewagt wurde es dennoch (und meist siegreich). „Man widerlegt ein Gambit, indem man es ablehnt", dozierte Dr. Tarrasch und empfahl daher das Falkbeer-Gegengambit (da Weiß dieses annehmen müsse) — waren solche Lehrsätze nicht vielleicht bloß sophistische Haarspaltereien? Die Variante 4.d3 Sf6 5.dxe4 (Alapin, 1899) schien doch recht unklar.

Auf den letzten großen Gambitturnieren (Abbazia 1912, Baden 1914) trat das trockene und pragmatische 3. . . .d5 in den Vordergrund: 4.exd5 Sf6! 5.Sc3 (damals galt 3. . . .Sf6 4.Sc3 d5 5.exd5 als Zugumstellung, während heute 4.e5! bevorzugt wird) — von Verwicklungen im Stile eines Muzio-Gambit war nichts mehr zu sehen. Die **„verschleierte Ablehnung"** galt als „die beste Fortsetzung" (Tartakower, 1925), und nach und nach erlosch das Interesse an eventuellen „weiteren" Widerlegungen. Heute ist die Einstellung zum Königsgambit im wesentlichen unverändert: Man glaubt, auf die Kenntnis der scharfen Varianten verzichten zu können, indem man sich dem **„remislichen" 3. . . .d5** zuwendet.

Im Laufe der letzten fünfzig Jahre (verstärkt ab 1960) häuften sich jedoch die Anzeichen dafür, daß 5. Lb5†! **sehr chancenreich für Weiß** ist, und so mancher kehrte reumütig zu den alten Strukturen mit g7-g5 zurück.

4.exd5 Sf6

Nun folgt auf 5.c4 einfach 5. . . .c6! mit gutem Spiel. Nach **4. . . .Ld6** (4. . . .Dxd5?! 5.Sc3; 4. . . .g5? 5.De2†) hat Weiß mehr Zeit, den Bd5 zu stützen: 5.d4! Sf6 (5. . . . Se7 6.c4; 5. . . .c6 siehe 4. . . .c6) 6.c4! Lg4 (6. . . .0-0 7.Se5! ergibt weißen Vorteil — Urussow, 1853) 7.Ld3 0-0 8.0-0 +=, z. B. 8. . . .b6?! 9.Dc2 c5 10.b4 E/G. Beachtlich ist **4. . . .c6** 5.d4 Ld6! (5. . . .cxd5 6.Lxf4 +=) und dann

a) 6.dxc6 Sxc6 7.Ld3 Sf6 8.0-0 (Glaskow hält 8.De2†! für gut) 8. . . .0-0 9.c3 Lg4 10.Sbd2 Te8 11.Sc4 Lc7 12.h3? Lh5 13.Dc2 h6 14.a4? Lxf3 15.Txf3 Te1† 16.Tf1 Sxd4! (0:1,27) *Mutschnik – Bakulin*, Moskau 1967; 12.Ld2! +=Thimann.

b) 6.c4?! cxd5 7.Sc3 Sf6 8.c5? (zu

versuchen war 8.De2† De7 9.Dxe7† Kxe7 10.c5 Lc7 11.Sb5 ∞) 8. . . . Lc7 ∓ (0:1, 19) *Berry – Samarian,* Bundesliga 1982.

c) 6.Sc3 Sf6 = ergibt eine Position der Variante 4. . . .Sf6 5.Sc3.

5.Lb5†!

Diagramm 29

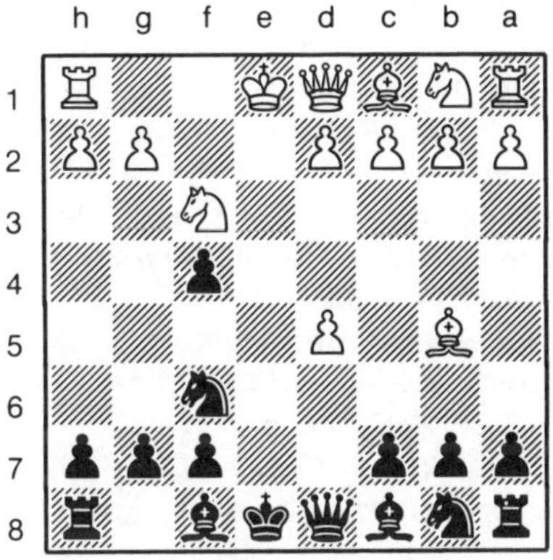

Stellung nach 5.Lb5†!

Diese Auflösungsaktion ist hier am Platze, während im Falkbeergambit (2. . . .d5 3.exd5 e4 4.Lb5†?! c6 5.dxc6 Sxc6 oder 5. . . . bxc6) das vorzügliche Figurenspiel des Schwarzen (wegen des starken Be4!) schwer wiegt. Daß sich der Textzug erst relativ spät durchsetzen konnte, lag vielleicht an dieser Assoziation.

5. . . .c6!?

Wahrscheinlich notwendig, obgleich in der Praxis immer wieder versucht wird, den Bd5 als Angriffsziel zu bewahren:

a) 5. . . .Sbd7?! +=.

a1) 6.c4 (vielleicht überschätzt von ECO) 6. . . .De7†! (6. . . .a6 7. Lxd7†! ECO) 7.De2 Dxe2† 8.Kxe2 Ld6 ist nicht unbedingt ungünstig für Schwarz; ggf. ist Bf4 mit Sh5 zu verteidigen.

a2) 6.Sc3 Ld6 7.De2† De7 8.Dxe7† Kxe7 9.0-0 Sb6?! (9. . . .Td8!) 10. Te1† Kf8 11.d3 a6 12.Lc4 Sxc4 13.dxc4 Lf5 14.Se2 Sh5 15. Sed4 += *Mutschnik – Ljublinski,* Moskau 1963.

a3) 6.0-0 Sxd5 7.c4 Sf6 (auf Pachmans 7. . . .Sb6!? dürfte 8.d4 gut sein: 8. . . .c6 9.Te1† Le7 10.d5!) 8.d4 c6 (8. . . .Le7 9.Lxf4 0-0 10. La4 Sb6 11.Lb3 Lg4 12.Sc3 c6 13. Dd2 += *Bronstein – Ragosin,* Saltsjöbaden 1948) 9.Te1† (9.La4! Ld6 10.Te1† Kf8 11.Sc3 mit schöner Kompensation für den Bauern, Keres) 9. . . .Le7 10.La4 Sb6 11.Lxf4 Sxc4! 12.Dd2 Sb6∓ *Stukits – Spitzenberger,* Korr. 1965.

b) 5. . . .Ld7?! +=.

b1) 6.Lc4 De7† (6. . . .Ld6! — Euwe — könnte besser sein) 7.Le2! Sxd5 8.c4 Sb6 9.0-0 Sc6 10.d4 g5 11.Sc3! (11.c5 Sd5 12.Db3 g4 ∞ *Tscheremissin – Iwanow,* Moskau 1956; 12. Sc3! Sak) 11. . . . Lg7 12.c5 g4 13. cxb6 gxf3 14.Lxf3 Lxd4† 15.Kh1.

Diagramm 30

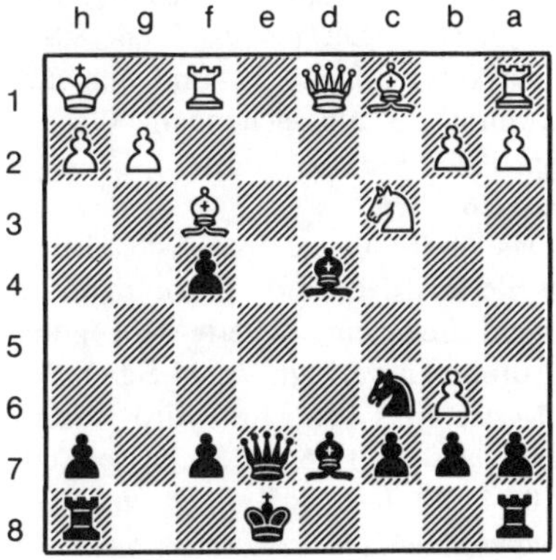

Stellung nach 15.Kh1

15. . . .Lxc3 16.bxc3 axb6 17.Te1 Le6 18.Lxf4 Dd7 (0:1, 44) *Bücker – Flear,* Bünde 1985, und nun 19. De2! ± Tg8 (19. . . .0-0-0 20.Lg5!) 20.Tad1 De7 21.Lxc6† bxc6 22.Df3 Dc5 23.Lxc7 usw.

b2) 6.De2† Le7 (6. . . .De7 7. Lxd7†! Sbxd7 8.c4 += Euwe; 7. Lc4?! b5! 8.Dxe7† Lxe7 9.Lb3 c5! 10.dxc6? Sxc6 11.d4 Ld6 12.Sc3 a6 13.Se2 Sh5 ∓ [0:1, 34] *Tukmanski – Reissmann,* Tallinn 1976. 10. d3) 7.Sc3!? (7.d6 cxd6 8.d4 0-0 9.Sc3 Te8 10.0-0 Lf8 11.Dd3 Sc6 += *Mutschnik – Panow,* Moskau 1962; 9.Lxd7?! Sbxd7 10.Lxf4 Sd5 11.Lg3 Db6 12.c4 Lf6! ∞ *Terpugow – Jachin,* Moskau 1962; 7.Lc4 0-0 8.0-0 Lg4 9.d4 Ld6 = *Eley – Almond)* 7. . . .0-0 8.0-0 Lb4?! (8. . . .Lg4 9. De5!?; 8. . . .c6!) 9.Td1 Lg4 10. De5! += Ld6 11.Dd4 Sbd7 12.Kh1 Lxf3?! 13.gxf3 Se5 (a6!) 14.Df2 a6 15.Le2 Te8 16.b3 Dd7 17.Lb2 Dh3 18.Tg1 Tad8? 19.Se4 ± *Bücker – Klinkhammer,* 1980.

b3) 6.Lxd7†!? (Empfehlung Glaskows) 6. . . .Dxd7 (6. . . .Sbxd7 7.0-0 Sxd5 8.c4, und Weiß hat die besseren Aussichten, Glaskow) 7.c4 (7.De2†!?) De7†! (7. . . .c6 8.Se5 Glaskow) 8.De2 c6!, und Schwarz kommt zu ausreichendem Gegenspiel.

6.dxc6 Sxc6

Das ältere **6. . . .bxc6** ist mittlerweile aus der Mode gekommen, da Weiß über eine Palette sehr guter Aufbauten verfügt: 7.Lc4 **Sd5** 8.Sc3 (Mutschniks Idee: Ld6 wird verhindert. 8.0-0? Ld6 9.Sc3 [9.Lb3 0-0 10.c4 Sf6 11.d4 c5! *Ragosin – Botwinnik,* 1947] 9. . . .Le6 10.Se4 Le7! [10. . . .Lc7 11.Seg5 += *Kusnezow – Schurawljow,* Kalinin 1970] 11. De2 0-0 12.d4 Sd7 13.Lb3 a5 ∓ [0:1, 42], *Kusnezow – Gabdrachmanow,* UdSSR 1981) 8. . . .Le7 (8. . . .Sxc3 9.dxc3! Ld6 10.Dd4 0-0 11.Lxf4 De7† 12.Kd2! Td8 13. Ld3 c5 14.Lxd6 Txd6 15.Tae1! Le6 16.De4 1:0, *Krustkali – Andre,* Korr. 1970; auf 8. . . .Le6 sind 9.Lb3 Ld6 10.Se4 oder 9.De2 Le7 10.0-0 0-0 11.d4 Sxc3 12.bxc3 Lxc4 13.Dxc4 Ld6 14.Se5 vorteilhaft für Weiß) 9.0-0 0-0 10.d4 Sb6?! (früher oder später ist g7-g5 erzwungen) 11.Ld3 g5 12.Se2 Le6 13.b3 Sbd7 14.c4 Lf6 15.Dc2 ± (1:0, 42) *Mutschnik – Lilienthal,* UdSSR 1967.

Anstelle von Botwinniks 7. . . .Sd5 kam (nach 6. . . .bxc6 7.Lc4) auch **7. . . .Ld6!?** (Zu prüfen ist 7. . . . Le7!?, *Ryc – Nowak,* CSSR 1970, wobei natürlich 8.d4 die kritische Fortsetzung ist.) 8.De2† vor, und Schwarz steht vor der schwierigen Wahl zwischen:

a) 8. . . .De7 9.Dxe7† Kxe7! (9. . . .Lxe7?! 10.d4 Sh5 11.0-0 La6 12.Se5! *Rabinowitsch – Cohn,* Karlsbad 1911) 10.d4! (10.0-0 Td8! — Gheorghiu — etwa =) 10. . . .Lf5 11.Se5! Lxe5 12.dxe5 Sd5 13.Lxd5 cxd5 14.Sc3, und Weiß stand besser, *Nimzowitsch – Schweinburg,* 1934.

b) 8. . . .Kf8!? (Furman) 9.0-0 Lg4 10.d4 Sbd7.

(s. Diagramm 31)

Schwarz steht ziemlich elastisch (Plan etwa Dc7, g5, Te8), und Weiß muß sorgfältig verfahren, wenn er etwas erreichen will: 11.Lb3! (11. Kh1 Dc7 12.Sc3?! h6 13.b3 g5, *Genin – Bykow,* UdSSR 1978) 11. . . .Dc7

Diagramm 31

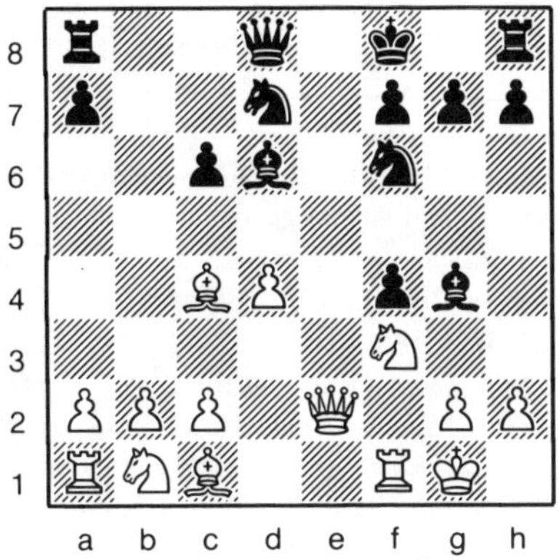

Stellung nach 10. . . .Sbd7

12.Sa3 Te8 13.Dd3 g5 14.Sc4! Lxf3 15.Dxf3 Tg8 16.Sxd6 Dxd6 17.c3 Sd5 18.Ld2 S7f6 19.Tae1 mit Vorteil, *Glaskow – Poroschnjuk,* Moskau 1972.

Erwähnt sei noch die Alternative (6.. . .bxc6) 7.Le2 Ld6 8.d4 0-0 9.c4 Te8 10.Sc3 Sbd7 11.c5! Lc7 12.0-0 mit guten Aussichten für Weiß; Pachmans 8.b3 hingegen dürfte dem Gegner zu viele Freiheiten einräumen, z. B. 8. . . .0-0 9.0-0 Lg4! 10.Sa3 Te8 11.Sc4 Lc7 12.Lb2 Sbd7 13.Sd4 Lxe2 14.Sxe2 Sg4 15.Sxf4 Sxh2! 16.Tf2 Lxf4 17. Txf4 Dg5 18.Td4 Te1†, und Schwarz gewann, *Lomaja – Makarow,* UdSSR 1981.

An dem wilden Überrumpelungsangriff **6.. . .De7†!?** ist die Theorie bislang — vielleicht zu Unrecht — achtlos vorbeigegangen. Eine direkte Widerlegung ist jedenfalls nicht auszumachen: 7.Le2 (7.De2 Dxe2† 8.Kxe2 bxc6 9.Lc4 Ld6 oder 8.Lxe2 Sxc6! ist ziemlich ausgeglichen) 7. . . .Sxc6! (die **lange Rochade** ist geplant) 8.0-0 (8.d4 g5! 9.d5 g4 ∞ 10. Sg1? De4 oder 10.dxc6 gxf3 11.gxf3 bxc6 12.Lxf4? Db4† 13.Ld2 Dh4† —+; 9.Sxg5?! Tg8) 8. . . .g5 9.d4 (9.Te1 Le6 10.d4 0-0-0) 9. . . .Tg8, und die Lage ist völlig ungeklärt. Bei der vorgegebenen Bauernverteilung erscheint die lange Rochade zwar riskant, doch ist der weiße Monarch ja ebensowenig auf Rosen gebettet.

In der Hauptvariante (nach **6. . . . Sxc6**) gabelt sich nun der Weg:

7.d4 (A), der fast ausschließlich gewählte Entwicklungszug;

7.Se5!? (B), ein vielversprechender neuer Vorschlag.

A Der Normalzug 7.d4

7.d4

7.De2†!? Le7! 8.Se5 (8.d4 0-0 9.Lxc6 bxc6 10.0-0 Ld6 ∞ *Orienter – Grünfeld,* Wien 1944) 8. . . .Dd6! (8. . . . Db6 9.Sc4! += siehe B; 8. . . .0-0 9.Lxc6 bxc6 10.Sxc6 Dd7 11.Sxe7† Kh8 12.b3 Te8 13.La3 Sg8 14.0-0 Sxe7 15.Df3 +=) 9.d4 (9.Sc4 De6; 9.d3 0-0 10.Lxc6 bxc6 11.c4 Sd7 12.Lxf4 Lf6 13.Sxd7 Dxd7; 9.0-0) 9.. . .0-0 10.Lxc6 bxc6 11.c3, etwa =.

7. . . .Ld6

Die natürliche Entgegnung (deckt Bf4, verhindert 8.Se5). 7. . . .Da5†? 8.Sc3 Lb4 9.0-0 Lxc3 10.De2† Le6 11.bxc3 ± *Pachman – Vymetal,* Prag 1953.

8.0-0

Das Spiel auf Bauerngewinn mit 8.De2† kommt ernstlich kaum in Frage: 8.De2†?! (8.d5? Sxd5)

Le6 (8. . . .Kf8!? Hay) 9.Sg5 (1967 von Glaskow angeregt; 9.Se5? 0-0! 10.Lxc6 bxc6 11.Lxf4 Sd5 12.Lg3 f6 13.Sf3 Lxg3† 14.hxg3 Tfe8 ∓ *Hartston – Spasski,* Hastings 1965/66) 9. . . .0-0 10.Sxe6 (10.Lxc6? Lg4 *Swergun – Halifian,* UdSSR 1983) fxe6 (b6! Toth) 11.Lxc6 bxc6 und weiter:

a) 12.Dxe6† Kh8 13.0-0 f3! 14.Txf3 Tfe8 15.Dh3 (15.Dc4? Te1† 16. Tf1 Sg4 —+ *Holzvoigt – Schreiber,* Korr. 1969), und Euwes Analyse 15. . . .Db6 16.c3 Te1† 17.Tf1 Txf1† 18.Kxf1 Db5† 19.Kg1 De2! weist schwarzen Vorteil nach (∓).

b) 12.0-0!? Dc7 (die weiße Zugfolge soll 13. . . .f3! aus a) umschiffen. Schwarz könnte aber nun 12. . . . Kh8!? ziehen, etwa 13.Lxf4 Lxf4 14.Txf4 e5!; 12. . . .Te8!?. Oder 12. . . .Sd5 13.Dxe6† Kh8 14.Sc3, *Issler – Gentsch,* Basel 1970, und nun 14. . . .Sxc3 E/G) 13.Dxe6† Kh8 14.Sd2 (14.Dh3 Db6 15.Dd3 Tae8 16.Sc3 Db8 17.Df3 c5 18.d5 g5 19.h3 h5 [=, 25] *Bhend – Medina,* Lugano 1970) 14. . . .Tae8 15.Dh3.

Diagramm 32

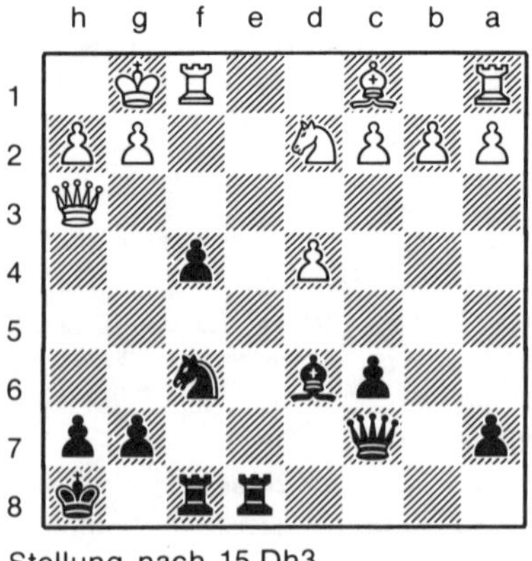

Stellung nach 15.Dh3

Der andere Rückzug 15.Dc4?! ist schlechter, z. B. 15. . . .g5! 16.Sf3 Se4 17.Te1 g4 18.Se5 Lxe5 19.Txe4 Ld6 20.Txe8 Txe8 21.Df1 f3 (0:1, 24) *Eley – Bouwmeester,* 1972. Wenn in der Diagrammstellung eine Partei im Vorteil ist, so gewiß die schwarze. In *Bürgi – Paroulek,* Korr. 1971, folgte 15. . . .c5 16.Sc4 Se4 17. d5 Le5 18.c3 ∞ (18.Sxe5 Dxe5 19. Dd3 E/G). Von Interesse sind ferner 15. . . .Se4, 15. . . .g5 und 15. . . .Db6 16.c3 Da6; stets hat Schwarz ausreichenden Ersatz für den geopferten Bauern.

8. . . .0-0 9.Sa3

Weiß beabsichtigt das Manöver Sa3-c4, Sfe5 (oder Sce5), welches Bf4 von seinen Verteidigern abschneiden soll. Wie wir noch sehen werden, verfügt Schwarz aber über wirksame Paraden. Andere Ansätze waren nicht erfolgreicher:

a) 9.Sc3?! Db6 (9. . . .Lg4 10.Lc4 Lb4 11.Se2 Ld6 12.Sxf4 Lxf3 13. Txf3 Lc5 14.c3 Se5 15.Le2 Sxf3† mit späterem Remis, *Duchess – Belle,* 1980. Recht amüsant!) 10.Kh1 Lg4 11.Lxc6 Dxc6 12.Dd3 Tad8 13.Ld2 g6, und Schwarz steht vortrefflich, *Westerinen – Boey,* Skopje 1972.

b) 9.Sbd2 (9.c3? Sd5 10.Lc4 Le6 11.Lb3 Sa5 12.Lc2 Df6 13.b3 Dh6 ∓ [0:1, 22] *Urzica – Pritchett,* Groningen 1970) 9. . . .Lg4 (9. . . . Lc7!? 10.Sc4? Dd5! Schubert; daher ist der Textzug 9.Sa3 etwas genauer) 10.c3 (zu langsam; 10.Lxc6 bxc6 11.Sc4 würde wieder zur Hauptvariante führen) 10. . . .Lc7 11. Sc4!? Se7 12.La4 b5!!? 13.Lxb5 Dd5 14.Sa3 Dh5 15.Ld3! Sed5 16.Sc4 Tae8 17.h3.

Diagramm 33

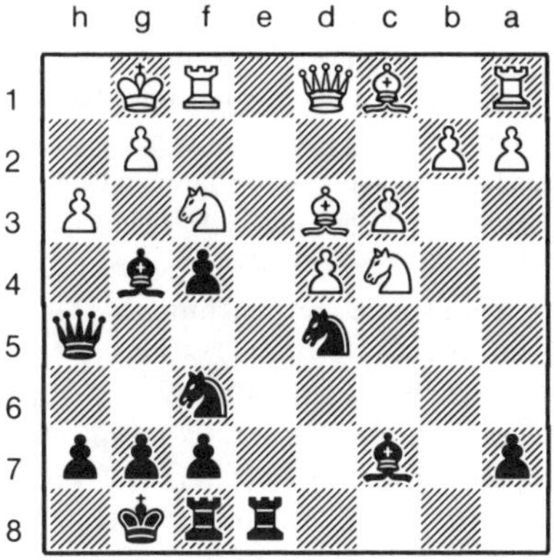

Stellung nach 17.h3

Diagramm 34

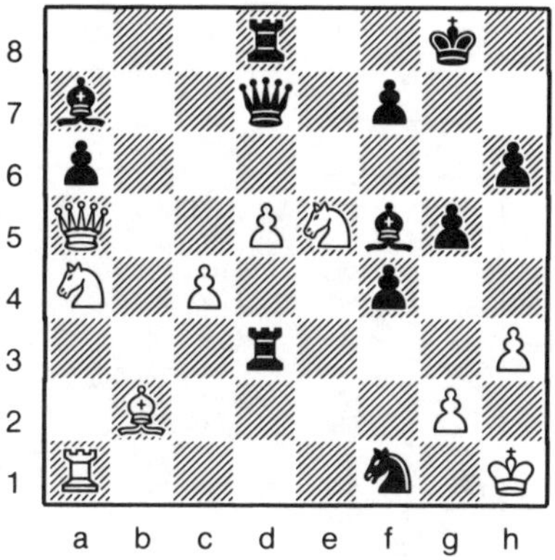

Stellung nach 28. . . .Sxf1!

17. . . .Se3! 18.Lxe3 fxe3 19.hxg4? (19.De1 = Nunn; 19.De2) 19. . . . Sxg4 20.Sce5 Txe5 21.dxe5 e2! 22. Lxe2 Lb6† 23.Dd4 Dh6 24.Tae1 Td8 25.Lc4?! Txd4! 0:1 *Kinlay – Nunn,* Surrey 1977. Eine wunderschöne Partie!

c) Wie der Verfasser am eigenen Leibe zu spüren bekam, ist ein d4/c4-Bauernzentrum in dieser Variante ein allzu naiver Aufmarschplan, denn die gegnerischen Figuren entfalten eine übergroße Aktivität auf den offenen Linien. Das weiße Bauernzentrum ist bloße Demonstration, Imponiergehabe. Bf4 lähmt das weiße Spiel, die Felder e4/e3 bleiben ständig schwach. 9.Lxc6 bxc6 10.c4 Lg4 ∓ 11.Dd3 Dd7 12. Sc3 Tfe8 13.Se2 g5 14. Sc3 h6 15. a3 (Weiß ist hilflos; Bd4 ist in Gefahr.) 15.. . .Tad8 16.b4 (sonst Lc5) 16.. . .c5! 17.Sb5 Lf8 18.d5 Lf5 19.Dd1 a6 20.Sc3 cxb4 21.axb4 Lxb4 22.Lb2 Lc5† 23.Kh1 Sg4 —+ 24.Sa4 La7 25.Dd2 Te3! 26.h3 Td3 27.Da5 Se3 28.Se5 Sxf1!.

29.Txf1 (29.Sxd7? Txh3† 30.gxh3 Le4 #) 29.. . .Le4! 30.Kh2 Tg3! 31.Sf3 Tb8 32.Dc3?! Txb2 33.Sxb2 g4 0:1, *St. Bücker – P. Bücker,* Vereinsmeisterschaft 1975.

9. . . .Lg4 10.Lxc6 bxc6 11.Sc4 Lc7 12.Dd3

Entfesselt den Königsspringer für 13.Sfe5 (oder 13.Sce5); anders läßt sich der Kampf um Bf4 nicht führen (auf 12.Dd2?! zieht Schwarz 12. . . . Te8 oder 12. . . .Se4 13.Dd3 Lxf3 14.Txf3 Sg5 15.Tf1 Se6 16.c3 Dd5).

(s. Diagramm 35, S. 44 oben links)

Von dieser Stellung hängt die Bewertung des „Normalzuges“ 7.d4 ab. Die nachfolgenden Varianten weisen auf Ausgleich hin (mit leichter Tendenz zum =+).

a) 12. . . .Dd5? kam in *Glaskow – Sinizih,* Moskau 1972, vor (= lt. Glaskow). Weiß sollte mit 13.Sfe5! g5 14.Lxf4! gxf4 15.Txf4 De6 16. Taf1 Ld8 17.Dg3 Kh8 18.Txg4 Sxg4 19.Dxg4 ± fortsetzen.

Diagramm 35

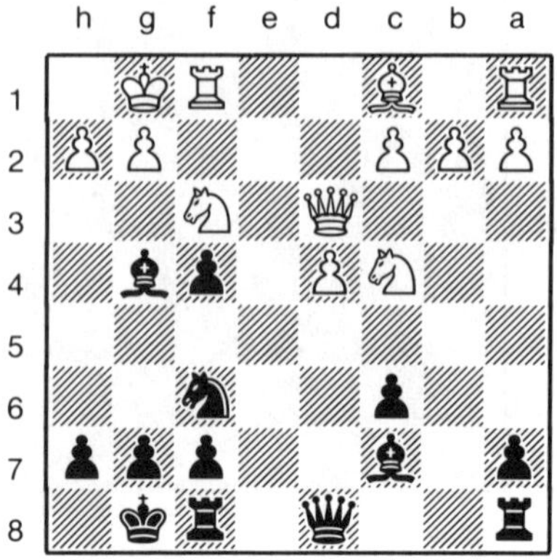

Stellung nach **12.Dd3**

b) 12. . . .Lxf3!? 13.Txf3 Sd5 14. Ld2 **g5?** 15.Th3 f5 16.Te1 (16.Th6! Tf6 17.Dh3 += Schubert) 16. . . . Df6 17.Se5 Tfe8 18.c4 Sb6? 19.Sg4 Txe1† 20.Lxe1 De6 21.Sh6† Kf8 22.Lb4† Ke8 23.Sxf5 Dxc4 24. De4† Kd8 25.De7† Kc8 26.Txh7 Dc1† 27.Le1 Sd5 28.Sd6† 1:0, *Schubert – Panczyk,* Jugend-EM. Groningen 1978. Wahrscheinlich ist **14. . . . Te8** vorzuziehen: 15.Tff1!? (15.Taf1 nebst g3 oder Se5; 15.Lc3 und 16.Se5 — Schubert) 15. . . .Dh4 16.Df3 Te6 17.Tae1 Tae8 18.g3 Dg5 19.Txe6 Txe6 20.Kh1 ∞ (Analyse Schubert).

c) 12. . . .Te8! (Nunn) 13.Sfe5 (13. Sce5 Lxf3 14.Sxf3 Sd5 Nunn) 13. . . . Le2! 14.Dxe2 Dxd4† 15. Df2 Lxe5 16.Sxe5 Dxe5 17.Dxf4 = (Nunn).

B 7.Se5!? — eine interessante neue Idee

7.Se5!?

Im vorhergehenden Abschnitt „A" erzielte Weiß mit „gutbürgerlichem Entwickeln" (7.d4) keinen Vorteil; dank der offenen e-Linie (und weiterer günstiger Umstände) verteidigte Schwarz den wichtigen Bauern f4 mühelos (auch ohne g7-g5). Sogar der relativ beste Plan (Sa3-c4-e5) erwies sich letztlich als etwas langsam. Aber gerade diese gewonnenen Erkenntnisse werden nun zur Motivation und Grundlage für die Verfeinerung, „Plan B"; unter Zeitgewinn (Angriff auf Sc6) soll Bf4 vom schwarzen Hinterland abgeschnitten und sodann effektiver bedroht werden. Es ist ja ein wesentliches Merkmal moderner Eröffnungsbehandlung, daß bereits die Phase der Figurenentwicklung nötigenfalls für erste konkrete Kampfhandlungen unterbrochen wird (man soll „die Eröffnung wie ein Mittelspiel behandeln"); im vorliegenden Fall erfolgt das Textmanöver vielleicht genau im rechten Moment.

Diagramm 36

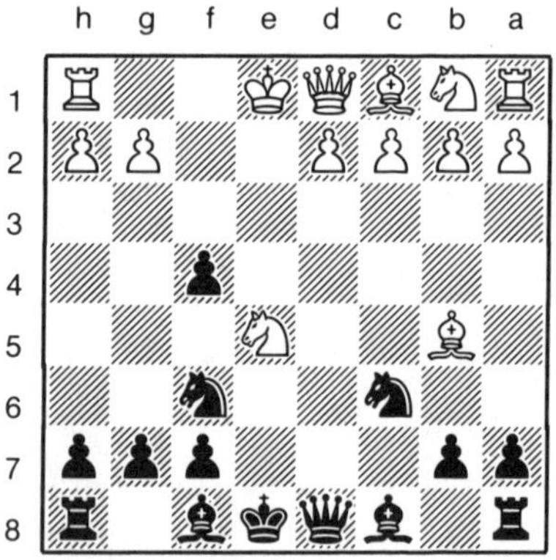

Stellung nach 7.Se5!?

7. . . .Db6

Die Alternativen sind vermutlich schwächer:

a) 7. . . .Dd5? Greift auf einen Schlag drei ungeschützte weiße Steine an, jedoch ist dies mit 8.De2 unschwer zu parieren; die ungünstige Stellung der Dd5 führt zu Zeitverlust (±).
b) 7. . . .De7 (Friedrich) 8.d4 (8.De2 Lg4 9.Sxg4 Sxg4 +=) 8. . . .Sd7 (8. . . .Ld7 9.Lxc6 Lxc6 10.0-0 ±; 8. . . .Lg4 9.Dd3 0-0-0 10.Lxc6 bxc6 11.Lxf4 Sd5 12.0-0 Sb4 13.Dc3 nebst 14.a3 +—) 9.Lxc6 (auf 9. Lxf4?! könnte Schwarz 9. . . .f6 10.0-0 fxe5 11.Sc3 Dd6! oder 9. . . . Sdxe5 10.Lxe5 f6 11.Sc3 fxe5 12.0-0 Ld7 versuchen) 9. . . .bxc6 10.0-0 Sxe5 11.dxe5 (11.Te1 Le6 12.Txe5 g5 +=) 11. . . .g5 12.b3! De6 13. La3 oder 13.Lb2 (Plan: Sd2-e4-f6), beides mit weißem Vorteil.
c) 7. . . .Dc7 8.d4?! (8.De2! Le6 9. d4 +=) 8. . . .Ld6 9.0-0 0-0 10. Lxc6 (10.Lxf4? Sxd4) 10. . . .bxc6 11.Sc3 La6 12.Sd3 Tad8 (g5?!) 13. Df3 Db6 (13. . . .Lxd3 14.Dxd3 Le5 15.Se2 +=) 14.Se2 c5 15. Lxf4 Lxd3 (15. . . .Lxf4 16.dxc5) 16.Dxd3 Lxf4 17.Txf4 Dxb2 18.Taf1 cxd4 **19.Th4?** Tfe8 20.Sxd4 Te4 21.Txe4 Sxe4 (=, 25) *Bücker – Markmann,* NRW-Juniorenmeisterschaft 1982. Chancenreicher wäre **19.Sxd4** Tfe8 (19. . . .Dxa2 20.Th4, was 21.Txf6 droht) 20.Db3 += gewesen.
d) 7. . . .Lc5?! ist wild und gar nicht ungefährlich: 8.Sxc6 bxc6 (8. . . .Db6 9.De2†) 9.Lxc6† Kf8 (9. . . .Ld7 10.De2† Kf8 11.Lxa8 Dxa8 12.Sc3 ± Lg4 13.De5) 10.Lxa8? (richtig ist 10.d4! mit weißem Vorteil) 10. . . .Lg4 11.Lf3 Se4! mit starkem Angriff.

Diagramm 37

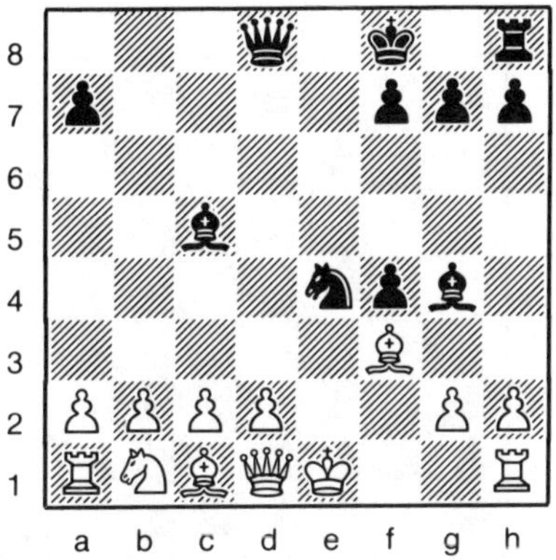

Stellung nach 11. . . .Se4!

Da Weiß ja in der Entwicklung etwas zurück ist, ist taktischen Widerlegungsversuchen wie d) mit äußerster Vorsicht zu begegnen.

8.De2 Le6!

An dieser Stelle liegt 8. . . .Le7 nahe, um möglichst rasch kurz zu rochieren und von der weißen Figurenanordnung in der e-Linie zu profitieren. Mit einer eleganten Umgruppierung gewinnt aber der Anziehende wichtige Tempi für das Umzingeln des Bf4: 8. . . .Le7 9. Sc4! **Dc7** 10.De5!.

(s. Diagramm 38, S. 46 oben links)

Die Pointe — nach einem Damentausch gewinnt die bessere Bauernstruktur an Bedeutung, und der Springer steht auf c4 vorzüglich. 10. . . .Kd8 (10. . . .Dd8 11.Dxf4 0-0 12.Lxc6† bxc6 13.0-0 mit Vorteil; 10. . . .Dxe5† 11.Sxe5 Ld7 12.Sxd7 Sxd7!? 13.c3 +=) 11.Dxc7† Kxc7 12.d3 g5 (12. . . .Sd5 13.Sc3 Lb4 14.0-0 +=; 12. . . .Te8 13.

Diagramm 38

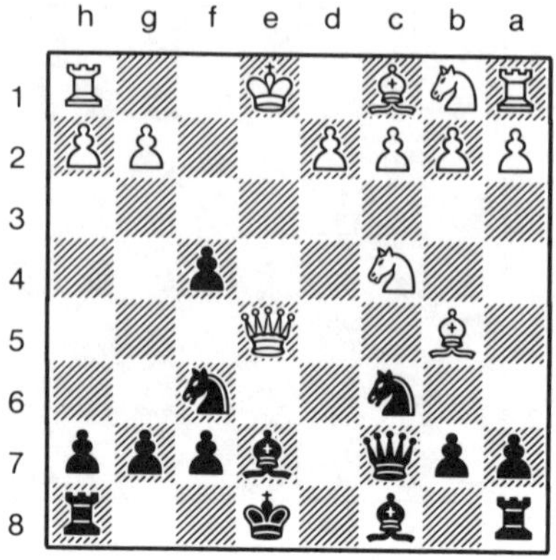

Stellung nach 10.De5!

Diagramm 39

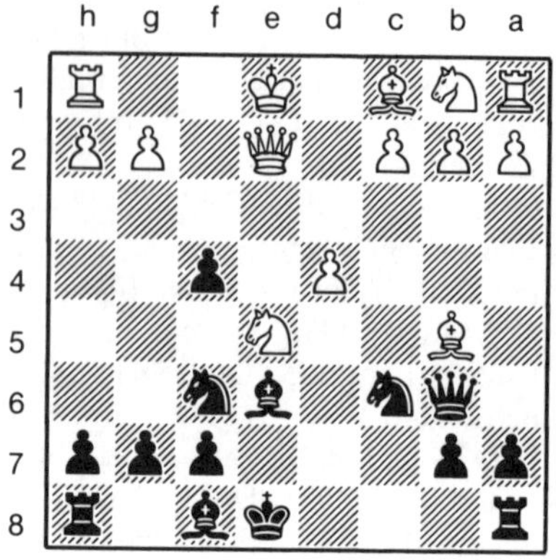

Stellung nach 9.d4

Lxf4† Ld6† 14.Le3) 13.Lxc6 bxc6 14.h4 ± (Te8 15.hxg5). Zu berücksichtigen auch (statt 9. . . .Dc7): **9. . . .Dd4** (9. . . .Dc5?! 10.b4 Dxb4? 11.La3 +—) 10.c3 De4 (10. . . . Dd5 11.0-0 Lg4 12.De5 Dd3 13. Sca3 0-0 14.Dxf4 ± *P. Bücker – Koelle,* Korr. 1983, nicht aber 14. Lxc6 bxc6 15.Dxe7? Tae8 ∓) 11. Dxe4 Sxe4 12.0-0 g5 13.Te1 Sf6 += (13. . . .Sc5 14.Sd6† Kf8 15.Sxc8 Txc8 16.d4 usw.), z. B. 14.Lxc6† bxc6 15.Sd6† Kf8 16.Sxc8 Txc8 17.b3 (mit La3, Te5), und die schwarzen Bauern sind recht schwach.

9. . . .Dd8 10.0-0 g5 (scheint erforderlich zu sein: 10. . . .0-0 11.Lxc6 bxc6 12.Txf4 Lc5† 13.Kh1 Te8 14. Df1; 10. . . .Sd5 11.Sc3) 11.Lxc6† bxc6 12.b3! 0-0 13.La3! (13.Lb2 Lc5†!) 13. . . .c5 (13. . . .Lxa3 14.Sbxa3, und die löchrige Bauernstruktur wird sich nachteilig bemerkbar machen) 14.Lb2 Lf5 15.De5 Dd7 16.g4!? ±.

9.d4

Ein wichtiger Augenblick. Um nicht ersatzlos den f-Bauern zu verlieren, muß Schwarz einen aktiven Gegenplan finden.

Der Textzug ist naheliegend und wirkt recht gesund, doch soll eine mögliche Schattenseite nicht verschwiegen werden: Die Möglichkeit Dxd4 schränkt die weißen Pläne etwas ein (Beispiel: 9. . . .Ld6 10. Sc4?! Dxd4). Dieser Mangel ließe sich aber nötigenfalls mit einer abgewandelten Zugfolge beheben:

a) 9.c3 Ld6 (9. . . .0-0-0?!) 10.Sc4 Dc7 11.Sxd6† +=.

b) 9.Lxc6† bxc6 10.Sc4 Dc7 11.b3 (11.d3; 11.d4 c5!? 12.Se5) 11. . . .Le7 12.Lb2, und die wirksam postierten Figuren Lb2/Sc4 üben Druck auf den schwarzen Feldern aus.

c) 9.Sc3 Le7 10.d4 0-0 11.Lxc6 bxc6 12.0-0!? ∞.

9. . . .f3?!

a) 9. . . .g5? 10.h4 (10.c3; 10.c4!?) 10. . . .0-0-0 11.Lxc6 bxc6 12. hxg5 ±.

b) 9. . . .Le7 10.c4 (einfacher 10.c3

0-0 11.Lxc6 bxc6 12.Lxf4 +=) 10. . . . 0-0 11.Lxc6 bxc6 12.c5 Db4† 13.Dd2 Dxd2† 14.Lxd2 Ld5 15.0-0 Tfe8 16.Lxf4 Sh5 17.Sc3 Sxf4 18.Txf4 Lg5 19.Sxd5 cxd5 20.Tg4 Le3† 21.Kf1 f6 22.Te1 h5 23.Txe3 hxg4 24.Sxg4 Txe3 25.Sxe3 Kf7 26.b4? (Ke2) (1:0, 43) *P. Bücker – Koelle,* Dortmund 1983.

c) 9. . . .Ld6! 10.Lxc6† (10.Sc4 Dxd4 dürfte nicht korrekt sein; 10.c4?! Lxe5) 10. . . .bxc6 11.c3 0-0 12.Lxf4 (12.0-0? Lxe5 13.Dxe5 Lc4), und Schwarz wird durch seine aktive Figurenstellung für den Minusbauern ausreichend entschädigt. Praktische Erfahrungen fehlen allerdings noch.

10.Lxc6†

Nach 10.Sxf3 0-0-0 11.c3 Ld6 (11. . . .Te8 12.0-0 Lxa2) 12.0-0 The8 käme Schwarz zu Gegenangriff.

10. . . .bxc6 11.Dxf3 Ld5

Diagramm 40

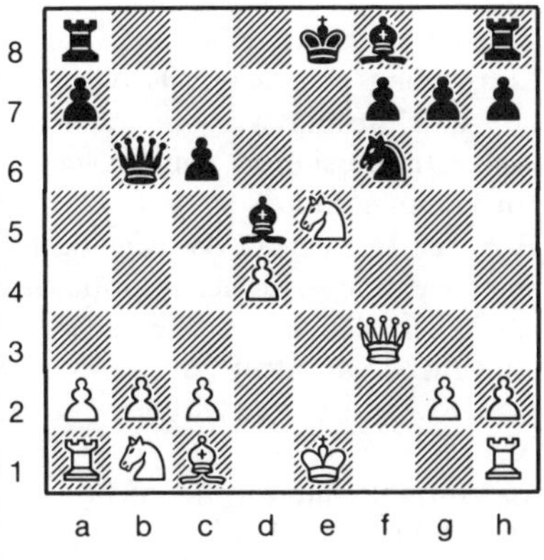

Stellung nach 11. . . .Ld5

Die Stammpartie (für 7.Se5!?) *Bükker – Friedrich,* 1979, nahm diesen Verlauf: **12.Df2?** Se4 13.De3 (13. Df5 Sf6 14.Df2 Se4 =) 13. . . . Le7 14.Sc3 Lg5 15.Sxd5 Da5†? (durch 15. . . .cxd5 war die Partie zu halten: 16.Dd3 Lxc1 17.Txc1 Dxb2 18.0-0 0-0 19.c4 Dxa2 20. Sc6 Dd2! 21.Dxd2 Sxd2 22.Tf5 Sxc4 23.Txd5 Sb6 24.Tb5 =) 16. b4 Dxd5 17.Db3! ± Lh4† 18.Kf1 Dd6 19.g3! Df6† (19. . . .Lf6 20. Dxf7†; 19. . . .0-0!? 20.Dd3) 20. Df3 Dxf3† 21.Sxf3 Lxg3 22.hxg3 Sxg3† 23.Kg2 Sxh1 24.Se5! +— Tc8 25.Lf4 f6 26.Sc4 Kd7 27.Txh1 g5 28.Ld6 h5 29.Tf1 Ke6 30.Lc5 Tc7 31.Sd6 Tch7 32.Se4 Tf7 33. c4 Tg8 34.Sd6, und Weiß gewann (1:0, 45).

Richtig war jedoch das sofortige **12.De3!** Le7 13.0-0 c5 14.Sc3! cxd4 15.Sxd5 Sxd5 (15. . . .dxe3 16. Sxb6 e2 17.Te1 usw.) 16.Df3 (16. Dh3 ±) 16. . . .0-0-0 17.Df5†! Kb7? 18.Sxf7 +—.

Fazit: *Die Moderne Verteidigung befindet sich im Umbruch. Das vor wenigen Jahrzehnten noch vielgelobte 6. . . .bxc6 7.Lc4 Sd5 verlor an Beliebtheit, seitdem Weiß 8.Sc3 spielt. Dem Gegner nicht Angriffspunkte zu bieten (wie bei 8.d4) und selbst mit betontem Figurenspiel den schwarzen Aufbau zu stören, lautet die Devise.*

Ähnlich bei der neuen Hauptlinie 6. . . .Sxc6 (will mit noch rascherer Vollentwicklung die Initiative übernehmen). Zwar machen die beweglicheren Figuren des Schwarzen auf das routinemäßige 7.d4 die schlechtere Bauernstruktur wett (A), doch sollte unserer Meinung nach 7.Se5! (B) bevorzugt werden. Dies bürdet Schwarz

Zeitverluste und Sorgen um Bf4 auf, und der Verteidiger erreicht seine erhoffte Idealaufstellung nicht. Auch das interessante 6. . . .De7†!? dürfte keinen Ausgleich erzielen.

3. . . .d5 ist objektiv schwächer als 3. . . .g5. Dank ihrer einfachen und eingängigen Konzeption wird die Moderne Verteidigung aber auch in Zukunft stets ihre Anhänger finden.

Kapitel V
Die Schallopp-Verteidigung 2. . . .exf4 3.Sf3 Sf6

Dieses System erlebte seine Blütezeit zu Anfang unseres Jahrhunderts, etwa gleichzeitig mit der Modernen Verteidigung. Denn die damalige Hauptvariante, 3. . . .Sf6 4.Sc3 d5 5.exd5, war nur eine Zugumstellung zu einer (zahmen) Variante der Modernen Verteidigung. Im Laufe der Zeit setzte sich jedoch das von Tschigorin empfohlene 4.e5! durch, was eigenständige und oftmals recht komplizierte Stellungsbilder hervorbringt. Dem Anziehenden stehen mehrere unterschiedliche Angriffswege offen, vom ungestümen Gambit bis hin zum solide-gediegenen Vorgehen.

3. . . .Sf6 4.e5! Sh5

4. . . .Se4 (4. . . .Sd5?! 5.c4 Sb6 6.d4 mit Vorteil, z. B. 6. . . .d6 7.exd6 Dxd6 8.De2† De6 9.b3 usw.; 4. . . .De7? 5.Le2), und Weiß kann wählen zwischen zwei gleichwertigen Zügen:

a) 5.d3 Sg5 6.Lxf4 Se6 (6. . . .Sxf3†! 7.Dxf3 d6 8.Dg3 Glaskow, oder Pachmans 7. . . .d5, etwa 8.Sc3 c6 9.c4; jeweils mit leichtem Vorteil für Weiß) 7.Lg3 d5 8.Le2 (8.Sc3 d4 9.Se4 Sc6 10.Le2 Le7 11.0-0 0-0 12.Dd2 += *Tolusch - Awerbach,* Kislowodsk 1960) 8. . . .c5 9.Sc3 Sc6 10.0-0 Le7 11.Dd2 0-0 12.Te1 += *Calvo - Awerbach,* Algarvi 1975.

b) 5.d4 d5 6.Lxf4 c5 7.Sbd2 Sc6 (7. . . .Lg4 8.Lb5†!? Sc6 9.0-0 Db6 10.c4 ∞ *Bücker - Wetterau,* 1985) 8.Ld3 Keres (8.Lb5 Db6 9. De2 = Pachman; 8.Sxe4 dxe4 9.d5 exf3 10.dxc6 = *Krasnow - Awerbach,* Moskau 1970) 8. . . .Sxd2 9.Dxd2 cxd4 10.a3 mit weißer Initiative.

5.Le2

Bedroht indirekt den Sh5; diese Fortsetzung galt lange als harmlos — zu Unrecht, wie wir meinen. Einige Impressionen von den anderen Hauptvarianten:

a) 5.De2 (Keres) ist das wichtigste unter mehreren Abspielen, in denen g2-g4 beabsichtigt ist; hier geht es oft äußerst turbulent zu:

a1) 5. . . .Le7 6.d4 0-0 7.g4!? fxg3 e.p. 8.Sc3 (8.Dg2) ∞ ist die Kernvariante, die wir hier nicht weiter ausführen wollen.

a2) 5. . . .g6 6.d4 Le7! 7.Sc3 d5 8.exd6 e.p. Dxd6 9.Sb5 Dd8 10. De5 0-0 11.Dxc7 Lh4† 12.Kd1 Lg4 = (Bhend).

a3) 5. . . .g5?! (Gunderam) 6.g4! fxg3 e.p. 7.d4! (7.Dg2?! g4) Tg8!? (7. . . .g4 8.Sg5 h6 9.Se4 Dh4 10. Kd1 ∞ Bhend; 7. . . .Le7) 8.De4? (8.Lg2! g4 9.h3! mit Angriff) 8. . . .g4 9.Lg2 (9.Dxh7? g2 —+ *Bücker - Herbrechtsmeier,* NRW — Baden 1983) 9. . . .gxf3 10.Lxf3 g2 11.Tg1 Tg6 12.Lxh5 d5! mit schwarzem Vorteil.

b) 5.d4 d6 (5. . . .d5 6.c4 gilt als gut für Weiß; 6.Le2 siehe 5.Le2) 6.Lc4?! (6.De2! führt zu Vorteil) 6. . . .Sc6 (6. . . .d5 7.Le2 ist Zugumstellung zu 5.Le2) 7.0-0 dxe5 8.Te1 Le7 usw.; Schwarz steht gut. 8.d5? Lc5† 9.Kh1 Sd4 10.Sxd4 Dh4! ist eine Eröffnungsfalle.

5. . . .g5

Diagramm 41

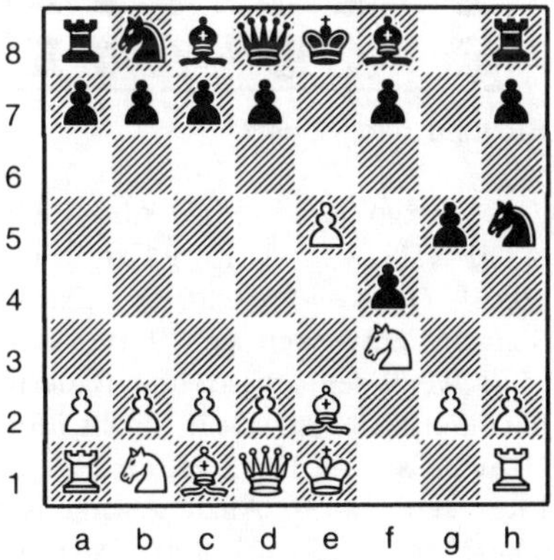

Stellung nach 5. . . .g5

Weitere Züge sind weniger kritisch, denn nur so ist Bf4 dauerhaft zu befestigen:

a) 5. . . .g6 6.d4 Lg7 7.0-0 d6 8. Sc3 0-0 *(Tschigorin - Steinitz,* Havanna 1892) 9.exd6! cxd6 (9. . . . Dxd6 10.Se5!) 10.Se1, und Weiß erobert den geopferten Bauern mit Vorteil zurück (Tschigorin).

b)5. . . .d5 6.0-0 g6 (6. . . .g5? 7. Sxg5) 7.d4 Lg4 8.Te1 (8.Se1! Lxe2 9.Dxe2 Sc6 10.c3 De7 11.Db5 0-0-0 12.Sd3 Keres; 10. . . .Dd7 11.Sd3 +=) 8. . . .Le7 9.c3 c5 10.Db3 b6?! (Db6 =) 11.h3 Le6 12.Sh2 cxd4 13.cxd4 Sc6 14.Td1 mit weißem Vorteil (1:0, 41) *Bücker - S. Nikolic,* Budapest 1984.

c) 5. . . .d6 6.0-0 dxe5

Diagramm 42

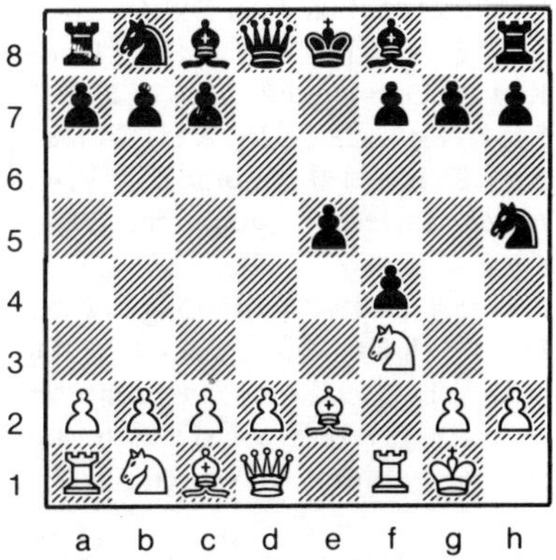

Stellung nach 6. . . .dxe5

7.Sxe5 Lc5† (7. . . .Dd4† 8.Kh1 Sf6 9.Sd3 Ld6 10.c3 usw.) 8.Kh1 Sf6 9.c3 (9.Txf4? Ld6 10.d4 Sbd7; 9.Sd3 Lb6 10.Sxf4 0-0 11.c3 c5! 12.d3 Sc6 13.Sd2 Te8? 14.Sh5! *Tschigorin - Marco,* Wien 1903; 13. . . .Se5 = Marco) 9. . . .Sbd7 10.Sxd7! (10.Sd3? g5! ∓ *Prins - Jackson,* Hastings 1935) 10. . . .Lxd7 11.d4 Ld6 12.Lxf4 Lxf4 13.Txf4 0-0 14.Ld3, und Weiß steht offensichtlich besser (ECO).

In der Diagrammstellung ist **7.d4?!** wohl allzu stürmisch, obschon der

Nachziehende in der folgenden Partie regelrecht überfahren wurde: 7. . . .exd4 (7. . . .Sc6 8.d5! — vgl. mit Anmerkung b) zum fünften Zug von Weiß) 8.Lc4 Le6? (kritisch ist 8. . . .Ld6!, z. B. 9.Te1† Kf8 10.Se5 Lxe5 11.Dxh5 Df6 oder 9.Lxf7† Kxf7 10.Se5† Lxe5 11. Dxh5† Kg8 12.Dxe5 Sc6 13.Dxf4 Le6) 9.Lxe6 fxe6 10.De2 (droht Db5†, Dxh5 — eine typische taktische Wendung in der Schallopp-Verteidigung) 10. . . .Sc6? 11. Dxe6† De7 12.Dh3 Dc5 13.b4 Sxb4 14.Te1† Le7 15.Te5 Dxc2 16.Dxh5† g6 17. Txe7† Kxe7 18.De5† Kd7 19.Dxd4† Ke7 20.Dxb4† c5 21.Dxb7† Ke6 22. Sg5† Ke5 23.Lb2† Kf5 24.Dd5† Kg4 25.h3† 1:0, *Gamarra – Sayed-Fouad,* Luzern (Olympiade) 1982.

6.0-0

6.Sxg5?! Dxg5 7.Lxh5 Dxg2 (7. . . . Dh4†!? 8.Kf1 b6 Glaskow) 8.Df3 (8.Lf3 Dg5 9.d4 d6 ist nicht besser) 8. . . .Dxf3 9.Lxf3 Sc6, und Schwarz kommt in Vorteil.

Nach dem Textzug droht Sxg5.

Einige Autoren schlugen das kühne Figurenopfer **6.d4?!** vor:

a) 6. . . .g4 7.0-0 gxf3 8.Lxf3 Sg7 9.Sc3 Le7 10.Lxf4 0-0 11.Lh6 d6 (11. . . .Lg5? 12.Sd5! Glaskow) 12. Lxb7 Lxb7 13.Dg4 Lg5 14. Lxg5 Dd7! 15.Dg3 Sf5 16.Dg4 Sg7 17.Dg3 Remis(!), *Glaskow – Rogatschenko,* Engels 1954.

b) 6. . . .Tg8 7.Sc3 g4 8.0-0 d5 (8. . . .gxf3 9.Lxf3 Sg7 10.Lxf4 Se6 11.Lh5 Bhend) 9.exd6 Lxd6 (9. . . .gxf3 10.Lxf3 Sf6 11.De2† Kd7 12.Db5† Sc6 13.Df5† Bhend) 10.Se5 Sc6 11.Lxf4 Sxf4 12.Txf4 Dg5 13.g3 += *Bhend – Wirthensohn,* Korr. 1970.

c) 6. . . .d5! 7.Sxg5?! Dxg5 8. Lxh5 Dh4†! 9.Kf1 b6 (Glaskow), und Weiß steht gefährdet. Interessanter ist Glaskows 7.g4!?, eine mit 5.Sc3 (für Le2) bereits bekannte Idee.

Diagramm 43

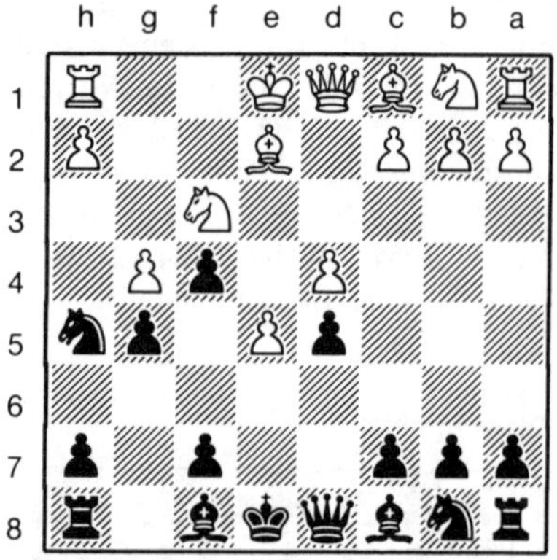

Stellung nach 7.g4!?

7. . . .Lxg4 (7. . . .Sg7 8.h4 Le7) 8.Tg1 f5! (8. . . .Lxf3 9.Lxf3 Sg7 10.c4! Glaskow) 9.exf6 e.p. Sxf6!. Schwarz entwickelt sich flott, während Weiß den investierten Bauern nachläuft: 10.Sxg5 De7! (droht h6); 10.Se5 Lxe2 11.Dxe2 De7 12.Txg5 Lh6 (evtl. f4-f3). Allzu gewagt ist **6.h4!?** g4 7.Sg5 Sg3 8.d4 Sxh1 9. Lxf4 h6 10.Se4 Dxh4† 11.g3 Dh2 ∞ *Koslow – Nikitin,* Moskau 1950.

6. . . .Tg8

(s. Diagramm 44)

Sichert Sh5 indirekt (7.Sxg5?? Dxg5, und droht Dxg2 matt); der Zug stand schon im „Bilguer“ (1. Aufl. 1843), und zwar als für Schwarz vorteilhaft. An dieser Einschätzung hat

Diagramm 44

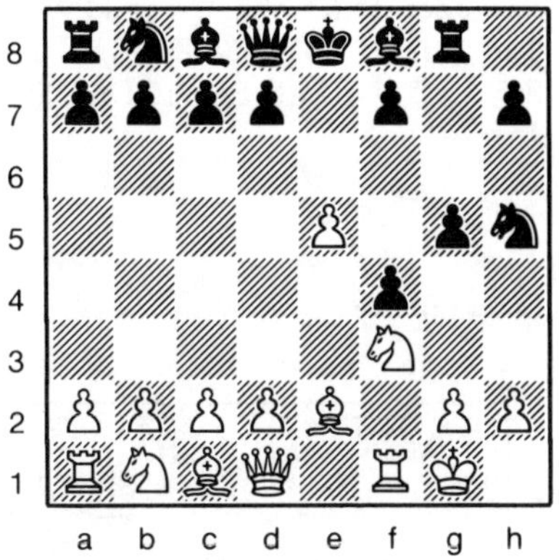

Stellung nach 6. . . .Tg8

Diagramm 45

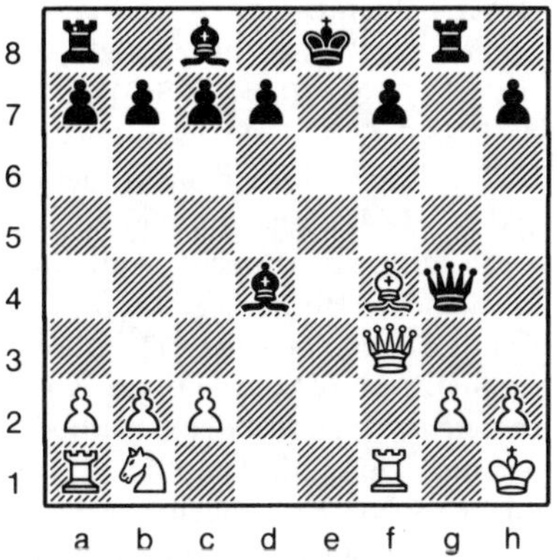

Stellung nach 13. . . .Dg4!

sich lange nichts geändert, daher blieb jenes charakteristische Abwehrmotiv ohne wesentliche Konkurrenz:

6. . . .Sc6 (6. . . .d6 wird laut Keres mit 7.Sxg5 Dxg5 8.Lxh5 dxe5 9. d4! beantwortet; 6. . . .Sg7 7.d4 d5 8.c4 c6 9.Sc3 Le6 10.cxd5 cxd5 11. Db3 Sd7 12.Sxd5 Le7 13.Dxb7 0-0 14.Sc7 usw., *Lutikow – Kusmin,* Sotschi 1970) 7.Sxg5!? (Von Marco getadelt, scheint der Zug doch immerhin spielbar zu sein. Solider 7.d4 Tg8 — siehe Hauptvariante, 7. . . . Sc6?!), und der Schwarze hat die Wahl:

a) 7. . . .Lc5† 8.Kh1 Sg3† 9.hxg3 Dxg5 10.d4 Dh6† („nebst Lxd4† usw." Soweit die von Marco angegebene Variante.) 11.Lh5 nebst Lxf4 oder Txf4, und Weiß steht gut; 8.d4!? ist auch zu beachten.

b) 7. . . .Dxg5 8.Lxh5 Lc5† 9. Kh1 Tg8 10.Lf3 Sxe5 11.d4 Sxf3 12.Dxf3 (12.De2†!?) Lxd4 13.Lxf4 Dg4!.

Recht spektakulär analysierte Marco 1913: **14.De4†** Kd8 15.Te1 Lc5 (De6!) 16.Sc3 f5 17.Dd5 c6 18.Sb5! d6 19.Sxd6! cxd5 20.Sf7† Kd7 21. Se5†, und Weiß rettet sich ins Remis (Zugwiederholung!). Wir schlagen eine andere Behandlung vor: **14. Dxg4** (14.Lxc7!? Dxf3 15.gxf3 Lxb2 16.Te1† Kf8 17.Ld6† Kg7 18.Sd2 ∞) 14. . . .Txg4 15.c3 Lb6 16.a4 a5 17. Sa3 d5 18.Sb5 c6 19.Sd6† Ke7 20. h3 Tg6 21.Sxf7 +=.

7.d4

Um d7-d5 vorzubeugen, könnte 7.c4!? geschehen. In einer Fernpartie *Sakisch – Mizkjewitsch,* 1971, nahm Schwarz die Herausforderung an und antwortete 7. . . .g4?! 8.d4 d6 9.Sc3 gxf3 (9.. . .Sc6!) 10.Lxf3 Dg5, doch der weiße Angriff erwies sich als zu stark: 11.exd6! Kd8 12.dxc7† Kxc7 13.Sd5† Kd8 14. De2 Lg4 15.Te1 Ld6 16.c5 usw. Am besten dürfte 7. . . .d6! (Suetin) sein.

7. . . .d5

Die natürliche Entgegnung. Es sind ferner bekannt:
a) 7. . . .g4? ist überhastet und schlecht. 8.Se1 (8.c4; 8.Sc3) 8. . . . d5 9.Sd3! f3 10.Lxf3 usw. (E/G).
b) 7. . . .Sc6 erfordert mehr Genauigkeit. B. Laskers Empfehlung 8. Sfd2 fand zu Unrecht Aufnahme in manche Bücher: 8. . . .Sg7 9. Se4 Le7 10.Sbc3 d5 11.exd6 e.p. cxd6 (Lxd6) 12.Sd5, und ein „chancenreiches Spiel für Weiß“ vermögen wir nicht zu entdecken (12. . . .Lf5, mit Ke8-f8). Uns scheint vielmehr 8.Dd3 angebracht zu sein, oder auch die Variante 8.Sc3 (8.d5? Lc5† 9. Kh1 g4 10.dxc6 gxf3 11.Lxf3 Sg3†) 8. . . .d5 (8. . . .d6!?) 9.Dd3! (9. exd6 e.p.?, *Aurbach – v. Freymann,* Abbazia 1912, ist schwächer) 9. . . . Tg6 10.Db5 g4 11.Se1 a6 12.Dxd5 Sxd4 13.Ld3 mit weißem Vorteil (Analyse Glaskow).

8.Dd3

Neben dem sofortigen Anschlag auf Bh7 existieren zwei gleichwertige Pläne, in Verbindung mit c2-c4.
a) 8.Se1 Sg7 9.c4 (9.Dd3 Se6 10.c3 Lg7 11.Dxh7 Th8 12.Dd3 ∞ *Winawer – Pitzschel,* Berlin 1881) 9. . . . Sc6 (9. . . .c6 macht einen gesünderen Eindruck) 10.Sc3 Le6 11.Lf3 Se7 12.Sd3 c6 13.Sc5 Dc7 14.Da4 Kd8 15. Ld2 ± *Listengarten – Owanessow,* Baku 1973.
b) 8.c4 c6 9.Sc3 (9.Dd3!?) Le6 10. cxd5 cxd5 (nicht 10. . . . Lxd5? 11. Sxd5 cxd5 wegen 12.Dd3 usw.) 11. Dd3 (die durch den Tausch der c-Bauern eingetretene Schwächung der Punkte b7/d5/d4 gibt dem Themamanöver Dd3, Sh4 ein anderes Gesicht. 11.Db3 Dd7 12. g4!? hat E/G angeregt, z. B. 12. . . . fxg3 e.p. 13.Sxg5 gxh2† 14.Kxh2 Sg7 oder 14.Kf2 Sg3!? ∞) 11. . . . Tg6 (11. . . .f5!?) 12.Sh4 Th6 13. Sf5 Lxf5 14.Dxf5 Sg7 15.Dd3 Sc6 16.g3.

Diagramm 46

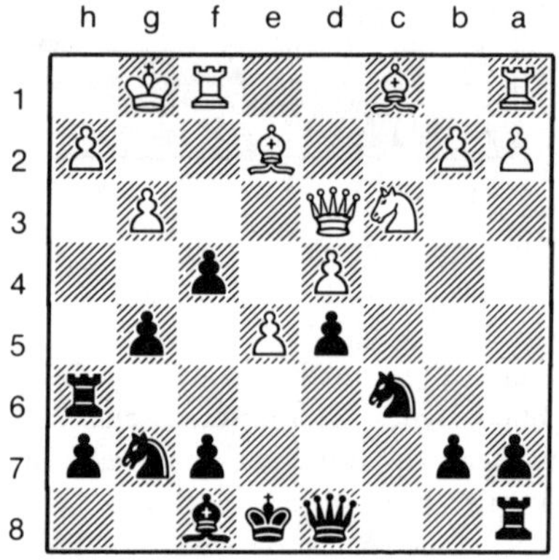

Stellung nach 16.g3

Laut Glaskow am besten (16.Lf3 Euwe Se6! 17.Sxd5 Lg7 ∞ E/G) 16. . . .Se6 (16. . . .fxg3 17.hxg3 E/G; 16. . . .Dd7?! 17.gxf4 Th4) 17.gxf4 Sexd4 18.fxg5 Tg6 +=.

8. . . .Tg6

8. . . .h6? 9.Dh7 (9.Se1 Keres) 9. . . .Tg6 10.Ld3 Tb6 11.b3 ± *Tschigorin – Pitzschel,* Berlin 1881.
Auf 8. . . .Th8 (Keres) bietet sich 9.Db3 an, und Weiß hat im Vergleich zu anderen Varianten (mit c2-c4) Zeit gespart. Oder 9.Dd1, um nach 9. . . .Tg8 (9. . . .Lg4?! 10.c4) diesmal einen anderen Zug zu probieren (10.c4, 10.Se1).

9.Sh4! Th6

Diagramm 47

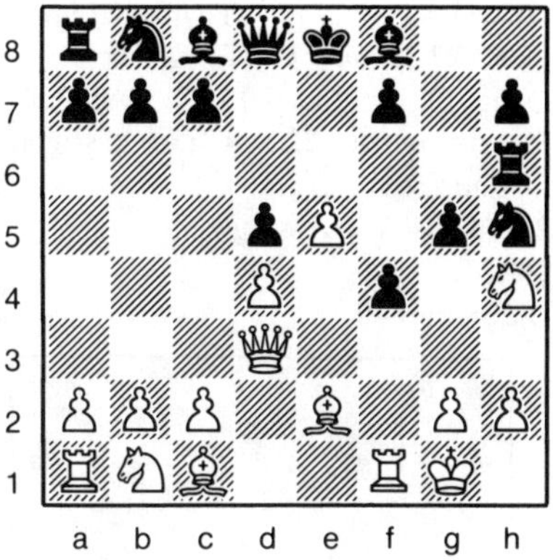

Stellung nach 9. . . .Th6

Früher scheuten sich die Anziehenden, in dieser Position den guten Le2 für den „kränkelnden" Sh5 (von dessen Randstellung Weiß ja in der Tat regelmäßig profitiert) herzugeben. Ein Partiebeispiel: 10. Sf5 Lxf5 11.Dxf5 Sg7! 12.Dd3 Se6 (Welch ein Superfeld für diesen Springer! Für den Minusbauern hat Weiß keine Kompensation.) 13.c3 c5 14.Lg4 Sc6 15.g3 cxd4 16.gxf4 gxf4 17.Lxe6 fxe6 18.cxd4 Tg6† 19.Kh1 Db6 20.Sc3 Dxd4 —+ 21. Dc2? f3 22.Ld2 Dg4 23.Tg1 Dg2†! 0:1 *Herter – Hecht,* Bad Pyrmont 1962.

10.Lxh5!

10.g4!? Sg7 (10. . . .fxg3 e.p.? 11. Lxh5 Txh5 12.Df3) 11.Sg2 Tg6 12. h4 (Analyse E/G). Nach 12. . . .h6 ist nicht zu sehen, wie Weiß dem Angriff neue Impulse verleihen will. Daher ist die schwarze Stellung vorzuziehen.

10. . . .Txh5 11.Sf5 Lxf5

Oder 11. . . .Dd7 12.g4! fxg3 e.p. 13.Sxg3 mit Vorteil für Weiß.

12.Dxf5 Th6

Auf 12. . . .Dd7?! stellt 13.Txf4 den materiellen Gleichstand wieder her, und Weiß steht aussichtsreich (13. . . .De6 14.Dg4). Zu beachten ist jedoch 12. . . .Sc6 13.c3 Th6 14. g3 Dd7 15.Dxd7† Kxd7 16.gxf4 (16.h4!?) gxf4 mit baldigem f6 (etwa =). Weiß muß hier wohl einen härteren Kurs steuern, z. B. 13.Txf4!? (13.e6!?) gxf4 14.Dxh5 Sxd4 15.Sc3 (15.Lxf4!?) 15. . . .Sxc2 (15. . . .Se6 16. Dxh7) 16.Lxf4! (16. e6 Df6 17.Sxd5 Dg6) 16. . . .Sxa1 17.e6 Df6 18.Sxd5 Lc5† (18. . . . Dd4† 19.Le3) 19.Kf1 Dg6 20.Sxc7† Kf8 21.Dxc5†, und Weiß gewinnt. Mit dem Textzug entsteht eine Schlüsselposition für die Schallopp-Verteidigung.

Diagramm 48

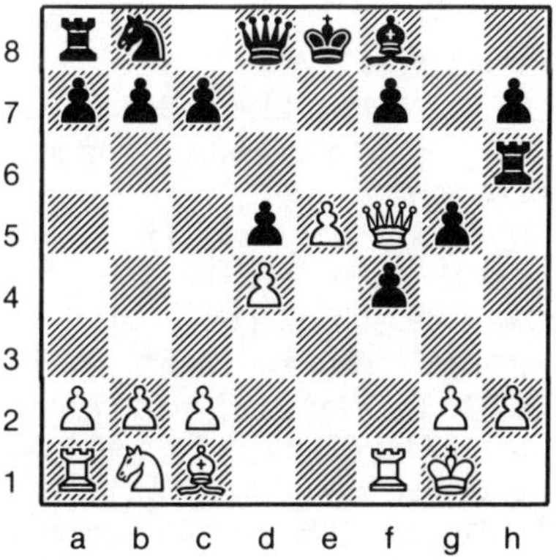

Stellung nach 12. . . .Th6

Die Theorie bewertet die Lage als ausgeglichen und stützt dieses Urteil auf die Zugfolge 13.g3 Dd7! 14. Dxd7† Sxd7 15.gxf4 gxf4 16.Lxf4 Te6 17.Sc3 c6; denn Schwarz setzt f7-f6 durch. Besser ist 16.Sc3 c6 17.Se2, z. B. 17. . . .f6 18.e6 Sb6 19.Lxf4 Tg6† 20.Sg3 +=.

Prüfen wir, ob Weiß mit anderen 13. Zügen mehr erreicht:
a) 13.c3 **Tg6** (13. . . .Dd7? 14.Dxg5; bei 13.g3 Dd7! 14.Dxg5 Dh3! war das entlastende Dd7 ohne Vorbereitung möglich) 14.h4 h6 15.h5 (g3 =+) Tg7 16.e6 ∞, z. B. 16. . . . Sc6 17.Te1 f6 18.e7 Txe7 19.Dg6† Kd7 20.Df5† =. Oder **13. . . .Sc6** (13. . . .Le7? 14.Lxf4) 14.g3 (14.b4!? Tg6 15.h4 Se7 16.Dd3 h6 17.Db5†) 14. . . .Dd7 15.Dxd7† Kxd7 16. h4!? ∞.
b) 13.b4!? (13.Sd2 Le7; 13.Ld2) 13. . . .Tg6 (13. . . .Lxb4 14.Lxf4!?) 14.h4 mit gewissen Angriffschancen für den Minusbauern. Eine besonders interessante (aber auch gewagte) Möglichkeit soll im folgenden noch ausführlich durchleuchtet werden.

13.h4!? Txh4
13. . . .gxh4?! 14.Lxf4 Tg6 15.Lg5 Dd7 16.Lxh4 mit weißem Vorteil.
14.e6 fxe6!?
14. . . .f6 15.Sc3 c6 (15. . . .Sc6 16.Sxd5 Sxd4 17.Sxf6† Ke7 18. Dxg5) 16.g3 fxg3 (16. . . .Th6 17. gxf4 gxf4 18.Lxf4 Tg6† 19.Kh1 De7 20.Tg1 Dg7 21.e7!? ∞) 17.Lxg5 Th5 18.Dxf6 Dxf6 19.Lxf6 und der starke Be6 sowie die Aussicht, mit Tf1-f7 oder Tf3xg3-g8 ins schwarze Hinterland einzufallen, machen den geopferten Bauern mehr als wett.
15.Dxe6† De7
15. . . .Le7 16.g3! Th5 (16. . . .fxg3 17.Lxg5 +—) 17.Lxf4 gxf4? 18. Dg8† Kd7 19.Dg4† mit Materialgewinn.
16.Dc8† Kf7 17.Dxb7 De4
17. . . .c6?! 18.Dxa8 Tg4 19.Sd2 ist zu langsam. Falls der Textzug von Weiß nun mit 18.c3 beantwortet würde, so 18. . . .Tg4 mit Remis.
18.Sc3!? Dxd4† 19.Tf2 Kg6
Oder 19. . . .Lc5 20.Le3! Dxe3 21. Dxd5† nebst 22.Se4 mit lästigen Drohungen.
20.Ld2 Lc5 21.Le1 g4

Diagramm 49

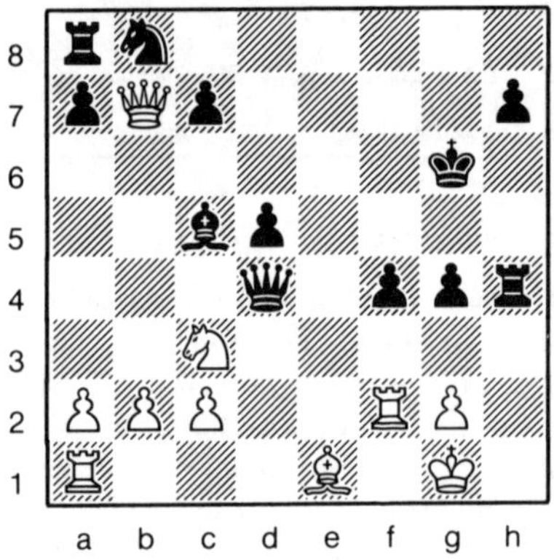

Stellung nach 21. . . .g4

Zum Schlagen auf a8 bleibt dem Weißen jetzt keine Zeit mehr.
22.Se2!
22.Td1? De5 23.Dxd5 Dxd5 24.Sxd5 Sa6 25.Sxf4† Kf7 26.g3 Th6 27. Td7† Ke8 28.Tg7 Td8 29.Lc3 genügt bestenfalls zum Remis.
22. . . .De5 23.Sxf4†
23.Db5!? Le3 24.Sxf4† Dxf4 25. De8† oder 23. . . .Lb6 24.Sxf4† Dxf4 25.Dxb6† ist nicht ganz so gut.
23. . . .Dxf4 24.Dxd5
Auf diesem Feld steht die Dame glänzend (z. B. droht 25.Dd3†, 26.g3). Das Springeropfer hat Linien und Diagonalen für den Angriff auf den schwarzen König freigelegt. Diese dynamischen Vorteile

überwiegen die Bedeutung des schwarzen Mehrmaterials, das ja noch eine Weile untätig in der Ecke verharren muß (Ta8). Zum Beispiel: 24. . . .Lxf2† 25.Lxf2 g3 26.Dg8† nebst 27.Lxg3, und Weiß ist im Vorteil.

Fazit: *In der Schallopp-Verteidigung hat Schwarz kein leichtes Leben. Und sollte sich auch gegen 13.h4!? noch ein Remisweg entdecken lassen, so existieren doch eine Reihe solider Varianten mit anhaltender weißer Initiative (8.c4; 5.d4; 5.De2!?).*

Kapitel VI
Die Cunningham-Verteidigung 2. . . .exf4 3.Sf3 Le7

Die Einschätzung der meisten alten Königsgambit-Varianten ist im Laufe der Jahrhunderte Schwankungen unterworfen gewesen; das wohl extremste Beispiel bildet das in diesem Kapitel vorgestellte System. Als Hauptvariante sah man lange Zeit 3. . . .Le7 **4.Lc4 Lh4†** an, worauf der Schotte Alexander Cunningham zu Anfang des 18. Jahrhunderts mit **5.g3?!** fxg3 6.0-0 gxh2† 7.Kh1 fortsetzte — ein „Dreibauerngambit", welches nach seinem Erfinder benannt wurde. Später erwies sich jedoch **5.Kf1!** als viel besser, denn das Läufermanöver des Schwarzen ist eben doch allzu zeitaufwendig, und der Rochadeverlust des Anziehenden wiegt nicht schwer (vgl. Steinitzgambit, Läufergambit). Daher vermochte sich die ursprüngliche Form der Cunningham-Verteidigung nie recht durchzusetzen.

Der „Bilguer" riet von jenem naiven Schachgebot 4. . . .Lh4† ab: „Die einzige Fortsetzung, die bis jetzt in der Praxis angewandt wurde. Aber ein willkürlicher Entwicklungszug, zum Beispiel 4. . . .d6 oder 4. . . .Sf6, macht einen weitaus besseren Eindruck." Da sich Pläne mit d7-d5 (Schallopp-Verteidigung, Moderne Verteidigung) einen guten Ruf erworben hatten, versuchte Kmoch 1941 den Zug **4. . . .Sf6!,** und auch Euwe bediente sich in der Folge mehrfach dieser verbesserten Version. Heute ist die Cunningham-Verteidigung eine der beliebtesten Entgegnungen auf das Springergambit.

Der **Stand der Theorie:** Mit 4.Lc4 Sf6! 5.e5! Sg4 6.Sc3 (verhindert d7-d5) hält Weiß leichten Vorteil fest. Wir werden uns jedoch nur mit **4.Sc3!?** beschäftigen, einer seit etwa 1960 oft gespielten und ehrgeizigeren Alternative. Allerdings gewinnt unter diesen Umständen das Schachgebot 4. . . .Lh4† wieder an Interesse — denn der weiße König steht auf e2 unbequemer als auf f1 (nach 4.Lc4 Lh4† 5.Kf1). So schließt sich der Kreis, und die Cunningham-Verteidigung liefert heute wieder regelmäßig Stellungen, die längst vergangenen Gambitzeiten entsprungen sein könnten.

2. . . .exf4 3.Sf3 Le7

An dieser Stelle soll noch kurz auf weitere Züge für Schwarz eingegangen werden, welche in der modernen Turnierpraxis aber so gut wie bedeutungslos sind. Als offensichtlich schlecht darf man sie freilich nicht bezeichnen.

a) 3. . . .Sc6 4.d4 g5 5.h4 g4 6.Se5 ist eine für Weiß vorteilhafte Variante des Kieseritzky-Gambits: 6. . . . Sxe5 7.dxe5 d6 8.Lxf4 Lg7 (8. . . . De7 9.Lb5†! c6 10.exd6 Dxe4† 11. De2) 9.Sc3! dxe5 (9. . . .Lxe5 ist nicht besser) 10.Dxd8† Kxd8 11. 0-0-0† Ld7 12.Le3 nebst Lc4; Weiß steht trotz des Minusbauern ausgezeichnet (Bilguer).

Zu 4. . . .d5 informiere man sich in Kapitel III B.

b) 3. . . .Se7 4.d4 d5 5.Sc3 (noch besser als 5.e5 Sg6 6.h4) 5. . . .dxe4 6.Sxe4 Sg6 7.h4! Le7 (7. . . .h5 8. Lc4) 8.h5 Sh4 9.Lxf4 Lg4 10. h6! mit Vorteil, *Kusnezow – Bontsch-Osmolowski,* Moskau 1964.

c) 3. . . .f5 4.e5! g5 (4. . . .d5 5. h4; 4. . . .d6 5.De2) 5.d4 g4 (5. . . . d5 6.c4 Le6 7.Sc3 Lb4 8.h4, *Glaskow – Jaroschewski,* Moskau 1971) 6.Lxf4! gxf3 7.Dxf3 Dh4† 8.g3 Dg4 9.De3 mit Angriff, *Schlechter – Teichmann,* Wien 1903.

d) 3. . . .c6 4.Sc3 d5 5.d4 dxe4 6. Sxe4 Sf6 7.De2 Sxe4 8.Dxe4† += *Bronstein – Bychowski,* Tallinn 1965.

e) 3. . . .c5!? halten wir für spielbar (+=).

4.Sc3

Wie schon erwähnt, kommt der Nachziehende bei 4.Lc4 nicht zu völligem Ausgleich, z. B. 4. . . .Sf6 5.e5 Sg4 6.Sc3 d6 7.d4 (7.exd6) 7.. . .dxe5 8.dxe5 Dxd1† 9.Sxd1 Le6 10.Lxe6 fxe6 11.h3 *Bronstein – Cholmow,* Moskau 1961.

Nach dem Textzug muß Weiß mit zwei Antworten rechnen:

4. . . .Sf6 (A)
4. . . .Lh4† (B).

A 4. . . .Sf6

Diagramm 50

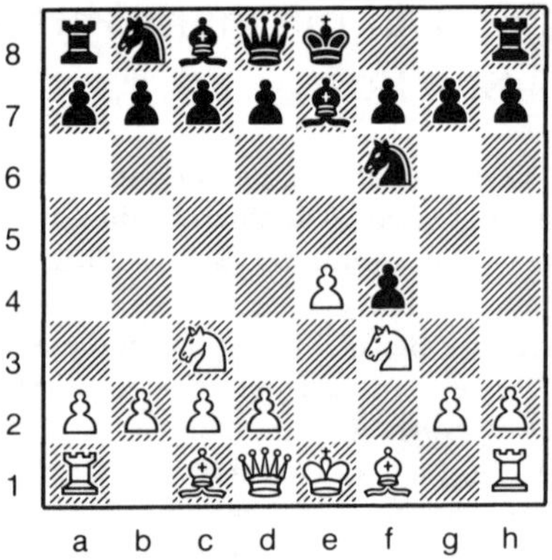

Stellung nach 4. . . .Sf6

5.e5!

a) 5.d4 d5 6.Ld3 (6.e5) 6. . . .dxe4 7.Sxe4 Sxe4 8.Lxe4 Ld6 9.0-0 0-0! =, z. B. 10.Se5 (10.Dd3 h6 11.c4 c5 Euwe) 10. . . .Lxe5 11.dxe5 Dxd1 12.Txd1 (Euwe), und Weiß hat keinen nennenswerten Vorteil. Oder 6. exd5 Sxd5 7.Lc4 (7.Sxd5 Dxd5 ist eine Variante der Modernen Verteidigung) 7.. . .Le6 8.De2 Sxc3 9.bxc3 Lxc4 10.Dxc4 Ld6 11.Db5† Sd7 12.Dxb7 De7† 13.Kf2 0-0 14. Te1 Df6 15.c4 ∞, *Spasski – Liberson,* Leningrad 1960.

b) 5.d3 hat der Verfasser erprobt: 5.. . .d5 (5.. . .Sh5?! 6.Sg1 +=)

6.Lxf4 dxe4? += (6. . . .0-0 7.Le2 Lg4?! 8.h3 Lh5 += *Bücker – Haselhorst,* Nordwalde 1982; 6.. . .c5 7.e5 Sh5 8.Ld2; 6. . . .c6!?) 7.dxe4 Dxd1† 8.Txd1 c6 9.Ld3 Sfd7?! 10.h3 Sc5 11.g4 Sbd7 12.Kf2 Sf8 13.a3 Sg6 14.Le3 a5 15.Se2 Ld7 16.Sg3 Td8 17.Sf5 Lxf5 18.gxf5 ±, nicht aber 18.exf5? = *Bücker – Beilfuß,* 1983.

c) 5.Lc4?! Sxe4 6.Lxf7† Kxf7 7. Se5† Kg8 8.Sxe4 Lh4† 9.g3 De7 (—+ Panow) 10.d4 d6 11.0-0 dxe5 12.dxe5 fxg3 13.hxg3 Sc6 14.gxh4 Dxe5 15.Df3 Le6 16.Dg2 Lf5 17.Sg3 Tf8 18.Lg5 Dc5† 19.Kh1 h6 20. Le3 De5 21.Tae1 Le6 22.Txf8† Kxf8 23.Lc5† Dxc5 24.Txe6 ∞ (nach 41 Zügen Remis durch Dauerschach), *Handoko – Arnason,* Luzern 1982.

5. . . .Sg4!

5. . . .Sh5?! (in Analogie zur Schallopp-Verteidigung) verträgt sich nicht recht mit Lf8-e7 (z. B. 6.Lc4 oder 6.Le2). Der Textzug droht zwar keineswegs 6. . . .Lh4† 7.Ke2 Sf2 wegen 8.De1!, doch ebendiese Wendung verbietet 6.h3? (der Springer käme über g3 wieder ins Spiel). Man beachte, daß jetzt der Weiße 6.Lc4 als Übergang zur alten Hauptlinie 4.Lc4 verwenden könnte.

6.d4 Se3

6.. . .Lh4† (6.. . .g5? 7.Sxg5) 7. Ke2 d6 8.Lxf4 Sf2 9.De1 Lg4 10.exd6! Thimann.

7.Lxe3 fxe3 8.Lc4 d6 9.0-0

9.Dd3 und 10.0-0-0 wird von Glaskow vorgeschlagen.

9. . . .0-0 10.Dd3 Sc6 11.exd6 Lxd6

(s. Diagramm 51)

Diagramm 51

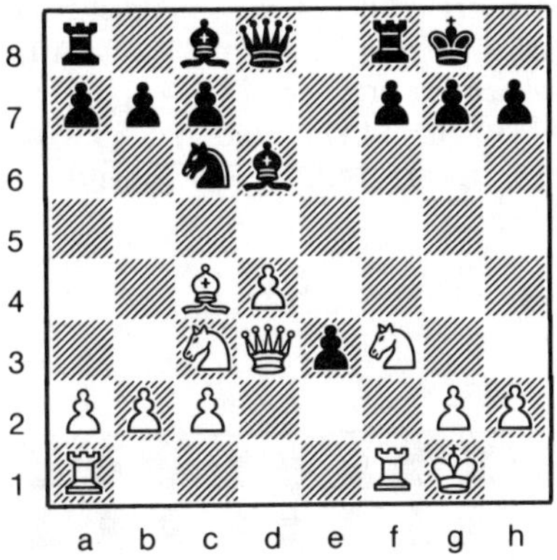

Stellung nach 11. . . .Lxd6

11. . . .cxd6? ist zu passiv. 12.Tae1 Lg4 13.Txe3 Kh8 14.Sd5 mit Angriffschancen für Weiß, *Spasski – Cholmow,* Leningrad 1963.

12.Dxe3

Das von manchen Autoren befürwortete 12.Se4 Le7 13.Dxe3 wird durch 12. . . .Lf4 in Frage gestellt. Überlegen wir nun, wie die Lage nach dem Rückgewinn des Gambitbauern einzuschätzen ist. Die Bauernstruktur ist geradezu typisch für das Königsgambit: Weiß hat mehr Einfluß im Zentrum (Bd4) und verfügt über die offene f-Linie. Das schwarze Läuferpaar ist in derartigen Positionen meist kein gleichwertiges Gegengewicht.

12. . . .Se7 (Euwe)

a) 12. . . .Lg4 13.Sg5 Lh5 14.Txf7 (14.Sxf7 Txf7 15.Dh3; 14. . . . Lxf7 15.Txf7 Txf7 ist Zugumstellung zu 14.Txf7) 14. . . .Lxf7 15.Sxf7 Txf7 16.Tf1 Dh4 17.Txf7 +=; 14.Sce4!? Weiner.

b) 12. . . .Lf5 13.Sg5 Dd7 (13. . . . Lg6 vgl. a) 14.Txf5!? Dxf5 15.Tf1.

Vielleicht sind hier noch Verbesserungen für Schwarz möglich; mit dem Textzug ist jedenfalls kein Ausgleich zu erzielen: 13.Se4 (oder 13. Sg5!? Sf5 14.Dd2 und evtl. 15.Sxf7) 13. . . .Sf5 14.Dd2 += (Bhend).

B 4. . . .Lh4†

Diagramm 52

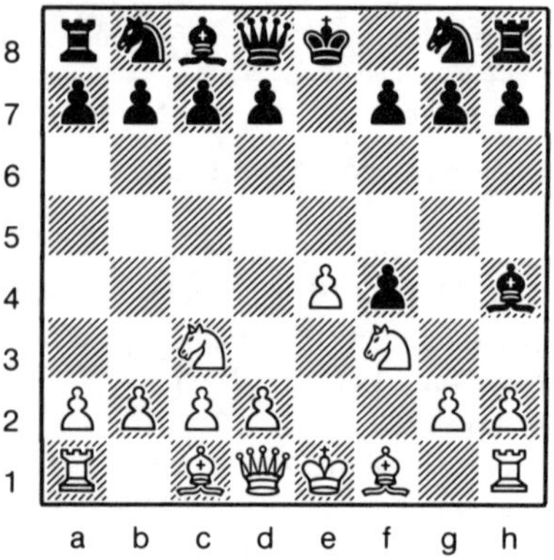

Stellung nach 4. . . .Lh4†

Wird als die kritische Fortsetzung angesehen. 4.. . .d6 5.d4 Lh4† (5.. . .g5? 6.Lc4 usw.) 6.Ke2 ist Zugumstellung zum Text, 5. . . .d6.

5.Ke2 c6

Schwarz möchte schnellstmöglich im Zentrum Fuß fassen. Anderes:

a) 5. . . .f5 6.d3! fxe4 7.dxe4 d6 8.Lxf4 Lg4 9.Dd3 Sc6 10.Kd2 ±.

b) 5. . . .d6 6.d4 (6.d3 Lg4 7.Lxf4 Se7 8.h3 *Bhend – Unzicker,* Wien 1972) 6. . . .Lg4 7.Lxf4 Sc6 8.Dd3 Sge7 (8. . . .Lg5 9.Lxg5 Dxg5, *Popovic – Kaufman,* USA 1972, und nun 10.De3! Keres) 9.Kd2 Lxf3 10. gxf3 Dd7 11.Td1 0-0-0 12.Kc1 Kb8 13.De3 += *Planinc – Ivkov,* Jugoslawien 1978.

c) 5. . . .Lg5 6.d4 (Sak empfiehlt 6.d3) 6. . . .Lh6 7.Kf2 (7.g3) Sf6 (7.. . .g5 8.Lc4 d6 9.h4!) 8.Lc4 Sg4† 9.Kg1 0-0 10.h3 Se3 11.Lxe3 fxe3 12.Kh2 mit Vorteil für Weiß (Euwe).

d) 5. . . .Le7 6.d4 Sf6 (6. . . .g5 7.Kf2 d6 8.Lc4 Sf6 9.h4 Sxe4† 10.Sxe4 d5 11.hxg5 dxc4 12.Lxf4 Tscheremissin, oder 8. . . .Sh6 9.h4 g4 10.Sg5 Lxg5 11.hxg5 Dxg5 12. Sd5 ±) 7.Lxf4 d5 8.Sxd5 Sxd5 9. exd5 Dxd5 10.Kf2. Die Stellung ähnelt einer für Schwarz annehmbaren Position aus der Modernen Verteidigung, doch hat Weiß im Prinzip ein Tempo gewonnen (Le7-h4-e7; Ke1-e2-**f2**). In der Partie *Balaschow – G. Agsamow,* UdSSR 1983, machte sich dies bemerkbar: 10. . . .Dd8 (10. . . .c5!? Balaschow) 11.Lc4 0-0 12.Te1 Lg4 13.Lb3!, und laut Balaschow wäre nun 13. . . . Sc6 14.c3 Ld6 += am besten gewesen.

e) 5. . . .d5!? 6.Sxd5 Sf6 7.Sxf6† Dxf6 (7. . . .Lxf6 8.e5 De7 9.d4 g5 10.Kf2 Lg7 11.g3 += Bhend) 8.d4 (8.e5 Da6†! 9.d3 Lg4 10.Lxf4 Sc6 11.c3 0-0-0 mit aktivem Spiel für den geopferten Bauern — Euwe). Nach 8.d4 entsteht eine sehr wichtige Position:

(s. Diagramm 53)

8. . . .Lg4 9.c3 (9.Dd3? Sc6 10.e5 Sxe5 11.De4 0-0-0 12.dxe5 The8 13.Lxf4 Da6† 14.Ke3 Db6† 15.Sd4 f5 16.Dd3 g5 —+ *Myall – Jarrett,* Korr. 1979.) 9. . . .Sc6 10.Dd2!

Diagramm 53

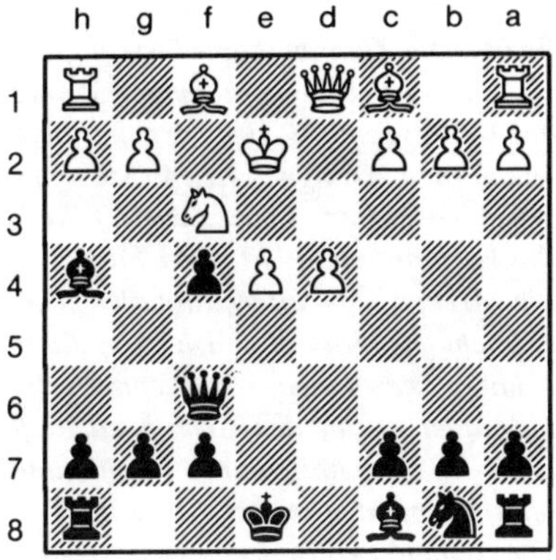

Stellung nach 8.d4

(10.Kd3? 0-0-0 11.Kc2 The8 12.Ld3 Lf2 13.Df1 Lxf3 14.gxf3 Lxd4! *Kavalek – Herink,* Prag 1959) 10. . . .g5 11.Kd1 0-0-0 12.Kc2 Dh6 13.Sxh4 Dxh4 14.g3! fxg3 15.Dg2! ±.

8. . . .0-0 9.Dd3 (9.Dd2 Te8 10.e5 Lg4 11.Dxf4?! Dxf4 12.Lxf4 c5! mit gutem Spiel für Schwarz — Sak; 11.Kd1 +=) 9. . . .Lg4 10.e5 Db6 11.Lxf4 (Die „Enzyklopädie" gibt als Verstärkung an: 11.g3! ±, doch scheint uns dies zumindest noch erläuterungsbedürftig, z. B. 11. . . .Sc6 12.c3 Sxe5 13.dxe5 Tad8 mit giftigen Drohungen.) 11. . . .Sc6 12. Td1 Tad8 13.c3 Tfe8 14.g3 Lf6 15.Kf2 Sxe5! += (1:0, 46) *Hartston – J. Littlewood,* Ilford 1965.

Über 5. . . .d5!? dürfte das letzte Wort noch nicht gesprochen sein; die bisherigen Erfahrungen zeigen aber, daß das weiße Bauernzentrum nicht leicht zu erschüttern ist.

Wir wenden uns wieder der Hauptvariante (**5. . . .c6**) zu.

6.d4 d5 7.Lxf4

a) 7.exd5? De7† 8.Kd3 Lf5† 9.Kc4 a5!? 10.a3 a4 ∞.

b) 7.e5 Lg4 8.Lxf4 f6! 9.g3?! (9. Kd2? fxe5 10.dxe5 Se7 11.h3 Lxf3 12.Dxf3 0-0 13.Ld3 Sg6 14.g3 Lxg3! 15.Dxg3 Sxf4, und Schwarz steht besser, *Prahov – P. Ivanov,* Bulgarien 1961) 9. . . .fxe5 10.dxe5? (10. Lxe5 Lf6 11.Lg2 Lxe5 12.dxe5 Se7 13.Dd4 ∞ P. Ivanov) 10. . . .Lg5 11.Dd2 Lxf4 12.gxf4 Sh6 —+ 13.Kf2 0-0 14.h4 Sd7 15.Le2 De8 16.Taf1 Df7 17.Kg3 Dh5 18.Tfg1 Tae8 19. b4 d4 20.Se4 Sxe5, und Weiß gab nach ein paar Zügen auf, *Bramefeld – Flear,* Southport 1983. Vermutlich ist 9.Dd2 aussichtsreicher (um g2-g3 vorzubereiten).

7. . . .Lg4

7. . . .dxe4!? 8.Sxe4 De7 bereitet nach Ansicht C. D. Meyers dem Anziehenden mehr Probleme:

a) 9.Le5 (9.Kd3? Lf5 usw.) 9. . . .f6 10.Sd6† (10.Sxh4 fxe5 11.Sf3 exd4 12.Dxd4 Sf6 13.Te1; 11. . . .Lf5) 10. . . .Kd8 11.Sxh4 Lg4† (11. . . . fxe5? 12.Sdf5) 12.Sf3 fxe5 (soweit Analyse C. D. Meyer) 13.dxe5 Sbd7 14.Kf2 ∞.

b) 9.Dd3! Sf6 (9. . . .Lf5 10.Sxh4 Lxe4 11.Dg3; 9. . . .f5 10.Sxh4) 10. Le5 +=.

8.Dd3 Se7 9.Kd2! Lxf3 10.Dxf3 Sg6

10. . . .dxe4 11.Sxe4, z. B. 11. . . . Dxd4† 12.Ld3 0-0 13.g3 Lf6 14.c3 Db6 15.Sxf6† gxf6 16.Kc2, und der weiße Vorteil ist offensichtlich.

11.Le3 dxe4 12.Dxe4† De7

Oder 12. . . .Le7 13.h4! (C. D. Meyer).

13.g3 Dxe4 14.Sxe4 Le7 15.Te1

(s. Diagramm S. 60, oben links)

Diagramm 54

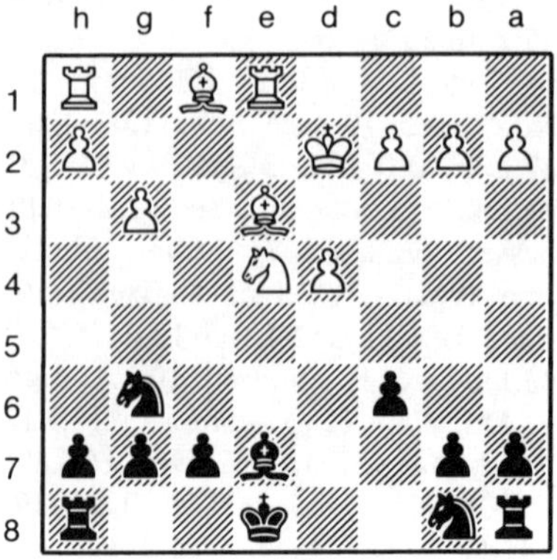

Stellung nach 15.Te1

Schwarz steht eine schwierige Verteidigung bevor. In der Partie *Spasski – Hermann,* Bundesliga 1985, kam es unerwartet rasch zur Krise: 15. . . .Sd7 16.h4 Td8 (16. . . .0-0-0) 17.Ld3 Sgf8 18.c4 Sf6 19.Sxf6† Lxf6 20.d5! ± Le7? (Kd7) 21.Lc5 Td7 22. d6 Se6 23.Txe6 fxe6 24.dxe7 +— (1:0, 31).

Fazit: *Die Cunningham-Verteidigung ist ein vergleichsweise junger Zweig des Königsgambits, denn erst mit dem „modernen Design" 4.Lc4 Sf6 (anstelle des alten 4. . . .Lh4†?!) hielt die Variante ca. 1940 ihren Einzug in die Arenen des internationalen Turnierschachs. Das in den letzten Jahrzehnten gewonnene Partienmaterial läßt aber schon den Schluß zu, daß auch die Cunningham-Verteidigung letztlich nicht geeignet ist, dem Weißen seinen Eröffnungsvorteil streitig zu machen.*

Interessant ist, daß noch keine Einigkeit darüber herrscht, ob 4.Sc3!? mit 4. . . .Sf6 („modern": mit d7-d5) oder mit 4. . . .Lh4† (im Stile des vorigen Jahrhunderts) zu beantworten sei. Somit präsentiert sich dieser Bereich der Theorie als ein reizvolles Konglomerat aus neuzeitlichen und romantischen Behandlungsweisen.

Klassische Strukturen 2. . . .exf4 3.Sf3 g5 (d6, h6)

Unter den zahlreichen Verteidigungsmethoden nimmt das **Decken des schwarzen Mehrbauern f4 mittels g7-g5** von jeher eine **Sonderstellung** ein. Mitte des vorigen Jahrhunderts vertraten die meisten Theoretiker die Ansicht, allein dieses Verfahren sei geeignet, Vorteil für Schwarz nachzuweisen und so das Königsgambit in Frage zu stellen; in einem damaligen Standardwerk betrug der Anteil jener Abspiele an der Königsgambittheorie 63%, an der gesamten Eröffnungstheorie 23%(!) (Vergleichszahlen eines heutigen Werkes, der „Enzyklopädie": 33%, 0,5%).

In der zweiten Hälfte des 19. Jahrhunderts trat ein Meinungsumschwung ein, der seine Ursache nicht zuletzt im Entstehen des internationalen Turnierbetriebes haben dürfte: Erfolgreich waren vor allem

Spieler mit einer pragmatischen Einstellung (z. B. Dr. Tarrasch), welche diese vielleicht stärksten (aber auch sehr riskanten) Bekämpfungsarten des Königsgambits mieden und mit Schwarz die „positionellen" Wege mit d7-d5 bevorzugten. Auf jene so einfach wirkenden Verteidigungen berief man sich daher und urteilte: Mit 2.f4 könne Weiß den Anzugsvorteil nicht aufrechterhalten, daher sei 2.Sf3 besser und 2.f4 mithin „widerlegt".

Wie aber die vorangegangenen Kapitel gezeigt haben, sind all jene Varianten **ohne g7-g5** im Laufe der Zeit um neue Angriffsideen bereichert worden, so daß der früher behauptete „bequeme Ausgleich für Schwarz" ins Reich der Fabel verwiesen werden muß. Seit 1960 läßt sich eine starke **Rückorientierung zu 3. . . .g5/3. . . .d6** beobachten; Fischer empfahl beispielsweise in dem Artikel **„A Bust to the King's Gambit" (1961)** den Zug 3. . . .d6, den er für genauer hält als das sofortige 3. . . .g5. Seitdem trägt 3. . . .d6 die Bezeichnung „Fischer-Verteidigung" und erfreut sich in der Praxis einiger Beliebtheit. Es trat eine bemerkenswerte Rangverschiebung unter Teilsystemen des Königsgambits ein; diese Entwicklung soll nachfolgend kurz skizziert werden.

Nach 3. . . .g5 **4.Lc4** Lg7! (z. B. Hanstein-Gambit) räumt die Theorie seit mehr als 150 Jahren dem Nachziehenden die besseren Aussichten ein. Als Hauptvariante wird daher meist das Kieseritzky-Gambit **4.h4** g4 5.Se5! geführt, z. B. 5. . . . Sf6 6.d4 d6 7.Sd3 Sxe4 8.Lxf4 Lg7 9.c3! (9.Sc3 Sxc3 10.bxc3 c5! *Spasski – Fischer,* Mar del Plata 1959; 1:0, 29) 9. . . .De7 10.De2 Lf5 11.Sd2, und dynamische Vorteile (Herrschaft über Feld f4) bilden ein genügendes Gegengewicht für den schwarzen Mehrbauern. Fischer beanspruchte jedoch mehr als Ausgleich. Mit **3. . . .d6** soll vor allem das Kieseritzky-Gambit umgangen werden; dieser **„high-class waiting move"** führe zum Sieg von Schwarz, meinte der Amerikaner sogar.

Erzwingt somit 3. . . .d6 das Hanstein-Gambit? (Fischers Hauptvariante war das wohl schwächere Philidor-Gambit.) So einfach verhält es sich nun wiederum nicht. Weiß stehen durchaus ernstzunehmende Ausweichmöglichkeiten zur Verfügung:

a) 4.d4 g5 5.h4 g4 6.Sg1 (6.Sg5? f6! 7.Sh3 gxh3 8.Dh5† Kd7 9.Df3 De8 usw., *Heuer – Randviir,* Tallinn 1949) 6. . . .Lh6 7.Sc3 c6 (7. . . .Sc6 8. Dd3), z. B. 8.Dd3 mit weiterem Ld2, 0-0-0.

b) 4.Lc4 h6! 5.d3 (Bhend) g5 6.g3 Sc6 7.gxf4 Lg4 8.0-0 Sd4 9.Sbd2 gxf4 10.c3 Se6! = Bhend.

c) 4.Lc4 h6! 5.h4 Sf6 6.Sc3 Le7 (6. . . .Lg4?! 7.d4 Sh5 8.Se5) =.

d) 4.Lc4 h6! 5.b4 (Planinc) oder 5.b3 (Bhend).

Die erste Variante (a) hat sich in der Praxis bewährt; mehr als im Kieseritzky-Gambit wird Schwarz hier nicht erreichen. Fischers Veröffentlichung verhalf ungewollt dem Hanstein-Gambit zu beträchtlichem Bedeutungszuwachs. Denn bei 3. . . . g5 4.Lc4 galt nicht zuletzt 4. . . .g4 5.0-0 gxf3 (Muzio-Gambit) als unangenehm (in der traditionellen Hauptvariante ergab sich ein Remis).

Nach 3. . . .d6 entfällt aber nicht nur das Kieseritzky-Gambit, sondern auch das Muzio-Gambit. Plötzlich rückte das **Hanstein-Gambit** ins Blickfeld der Theoretiker. Die Partie *Spielmann – Grünfeld,* Teplitz-Schönau 1922, fand endlich die verdiente Beachtung, und die Schwierigkeiten von Schwarz waren bald nicht mehr zu übersehen. Nun war das Interesse erwacht, denn das im vorigen Jahrhundert entworfene Verteidigungskonzept war damals offensichtlich überschätzt worden. Neue Angriffsideen tauchten auf; es sei nur an Spasskis Sieg über Karpow erinnert (TV World Cup 1982).

Es lag nahe, auch 3. . . .g5 4.Lc4!? wieder als Angriffssystem auszugestalten und mit Weiß freiwillig auf 4.h4 (Kieseritzky-Gambit) zu verzichten. Also ging man daran, das legendäre **Muzio-Gambit** mit neuem Angriffsschwung zu beleben, abseits der bekannten Remisvariante. Erste Partien liegen bereits vor. Fischers Appell an die Nachziehenden, „Weg vom Kieseritzky-Gambit!“, hefteten sich paradoxerweise auch die Weißen an die Fahne — und entdecken die alten Angriffsstrukturen des „Killersystems Königsgambit“ neu. Das Muzio-Gambit bildet den klassischen Kern des Königsgambits, und doch scheinen seine faszinierenden taktischen Verwicklungen noch immer unerschöpflich . . .

Kapitel VII
Muzio-Gambit, Klassische Hauptvariante 7.e5

1.e4 e5 2.f4 exf4 3.Sf3 g5 4.Lc4 g4
Den Springer wegzuziehen, wäre nun schlecht. Jedoch setzt sich Schwarz durch das Erbeuten des Sf3 einem vehementen und im 19. Jahrhundert gefürchteten Angriff aus, der sich vor allem gegen den Bf7 richtet. Die Verteidigung richtig zu organisieren, ist ohne Theoriekenntnisse so gut wie unmöglich. Daher riet man früher meist zu 4. . . .Lg7, um die f-Linie geschlossen zu halten und dem Weißen das Herbeiführen von Komplikationen zu erschweren. Eine vergleichende Bewertung dieser Alternativen ist zur Zeit nicht sinnvoll, da in einzelnen Varianten noch Unsicherheiten bestehen (vgl. mit Kapitel IX, X). Die Entscheidung zwischen 4. . . .g4 und 4. . . .Lg7 bleibt also (wie vor hundert Jahren) eine Frage des Geschmacks.

5.0-0

(s. Diagramm 55, S. 63 oben links)

Dieser Zug kennzeichnet das Muzio-Gambit (wir behalten den Namen bei, da er sich eingebürgert hat; verschiedentlich wurde die Umbenennung in „Polerio-Gambit“ vorgeschlagen — Polerio hatte es schon 1590 erwähnt.).

5.Sc3!? (MacDonnell) gxf3 6.Dxf3 ist weniger bekannt, doch fast ebenso gefährlich, z. B.:

Diagramm 55

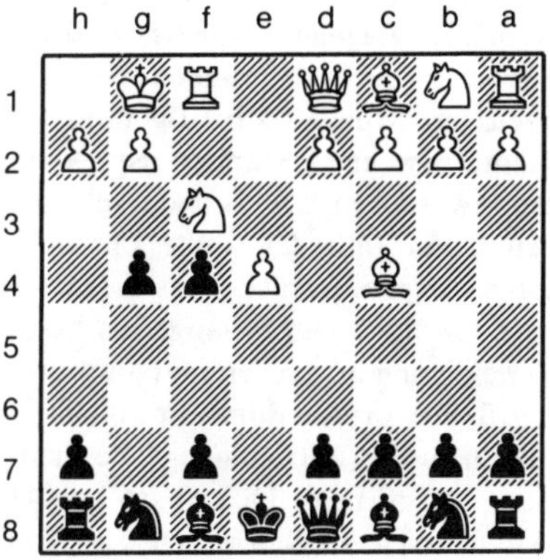

Stellung nach 5.0-0

a) 6.. . .Lh6?! (6.. . .Df6 7.Sd5 De5 8.c3 Lh6 9.d4 Dd6 10.e5 Dc6 11.Lb5; 6.. . .Sc6 7.d4! Sxd4 8. Lxf7† usw.) 7.d4 Sc6 8.0-0 Sxd4 (besser 8. . . .Df6 9.e5 Dg7 10.Lxf4? Sxd4 11.Dh5 Dg6 *Brien – Steinitz,* London 1863) 9.Lxf7† Kxf7 10. Dh5† Kg7 11.Lxf4 Lxf4 12.Txf4 Sf6 13.Dg5† Kf7 14.Taf1 Ke8 15.Txf6 De7 16.Sd5 Dc5 17.Kh1 Se6 18. Txe6† dxe6 19.Sf6† 1:0, *MacDonnel – Labourdonnais.*

b) 6. . . .d5 7.Sxd5 Sc6! 8.0-0 Ld6 9.d4 Sxd4 10.Dh5 Le6 11.Lxf4 Lxf4 12.Sxf4! Lxc4 13.De5† Kf8 14. Dxh8 Lxf1 15.Txf1 Df6 16.Dxh7 Dxf4! mit ungefähr gleichen Chancen (=, 47), *Charousek – Marco* (Beratungspartie), Wien 1898.

c) 6. . . .d6! ist vermutlich die kritische Fortsetzung. 7.0-0 Le6 8. Sd5 (8.d3 Keres) 8. . . .c6 9.Dc3!? (9.Dxf4 Marco Lh6 10.Df3 Sd7 11.d4 Lxc1 12.Taxc1 Se7 — soweit eine Analyse im „Bilguer" — 13.Se3 mit ausreichender Kompensation; 9.Te1!? Keres) 9. . . .cxd5. Malkin hat (1911) 10.Dxh8 dxc4 11.Dxg8 analysiert, doch wir ziehen 10.exd5 vor — für die geopferte Figur sind ansprechende Angriffschancen vorhanden.

5. . . .gxf3

a) 5. . . .De7? (Kling und Horwitz 1851) 6.Sc3 gxf3 (6. . . .Dc5† 7.d4 Dxc4 8.Se5 De6 9.Sd5 usw.) 7.d4 mit Angriff, z. B. 7. . . .d6 8.Sd5 Dd7 9.Dxf3 Sc6 10.Dxf4 Sd8 11.Dg3! c6? (11. . . .Se6 12.Lg5!) 12.Dxg8 Txg8 13.Sf6† Ke7 14.Sxg8† +— *Zukertort – Anderssen,* 1865.

b) 5. . . .d5?! (Brentano 1903) 6.exd5 (gut ist auch 6.Lxd5) 6. . . .gxf3 7.Dxf3 Ld6 (7. . . .Sf6 8.Dxf4 Le7 9.b3! Salvioli 1914) 8.d3.

Diagramm 56

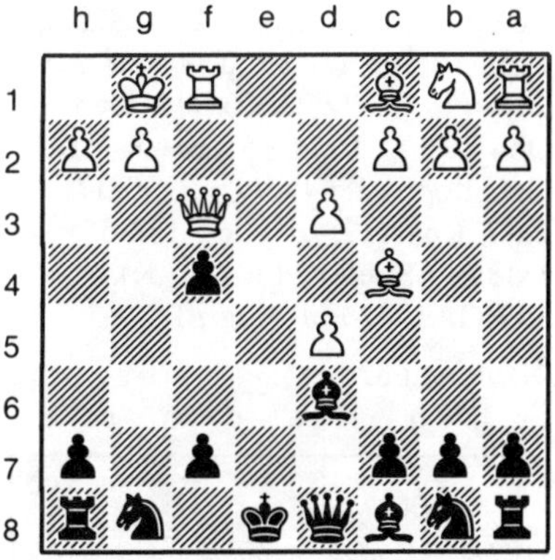

Stellung nach 8.d3

8.. . .Se7 (8.. . .Dg5 9.Sc3 Lg4 10.De4†; 8.. . .Lf5 9.Lxf4 Lg6 10.Sc3 Se7 11.Tae1 Lxf4 12.Dxf4 0-0 13.Se4 Sd7 14.d6! Bilguer) 9. Lxf4 Lxf4 10.Dxf4 0-0 11.Sc3 Sg6 12.Dg3 Sd7 **13.Se4?!** Kg7! 14.Tae1 h6 15.Df2 f5 16.Sg3 Sde5 17.Dd4 Dd6 18.h4! Db6 19.Dxb6 axb6 20. Lb3 Sg4 21.h5 Sh4 *Schlechter –*

Marco, Wien 1903, und nun sollte 22.d6! cxd6 23.Te7† Kh8 24.Se2! (Marco) geschehen, mit mancherlei Drohungen. Von Schlechter stammt die Verstärkung **13.Tae1!** Sb6 (13. . . .a6 14.Se4 oder 14.Kh1!? und 15.d6) 14.Lb3 Dd6 15.Dxd6 cxd6 16.Sb5 Td8 17.Sc7! Tb8 18. Te8†!, bzw. 13. . . . Kg7 14.Sb5! c6 15.Sc7 Tb8 16.dxc6 bxc6 17. Txf7† Txf7 18.Se6† +—. Zwei Bauern plus anhaltende Initiative für die geopferte Figur — dieses Materialverhältnis ist im Muzio-Gambit regelmäßig anzutreffen; Brentanos 5. . . .d5?! rückt die Bauern jedoch allzu bereitwillig heraus.

5. Lc5+

6.Dxf3 Df6!

a) 6. . . .Sc6 (6. . . .Lh6 7.d4 Df6 8.e5! Df5 9.Sc3 Se7 10.Se4) 7.Dxf4 De7 (7. . . .f6 8.Sc3 De7 9.Lxg8! Txg8 10.Sd5 ±) 8.Lxf7† Kd8 9.Sc3 De5 (9. . . .Lg7? 10.Sd5 De5 11. Dh4† ±) 10.Dxe5 Sxe5 11.d4! (Schallopp 1864) 11. . . .Sxf7 12. Txf7 Ke8 (12. . . .Le7 13.Sd5) 13. Txf8†! (Suhle) 13. . . .Kxf8 14. Sd5 (14.Lf4) mit Angriff.

Diagramm 57

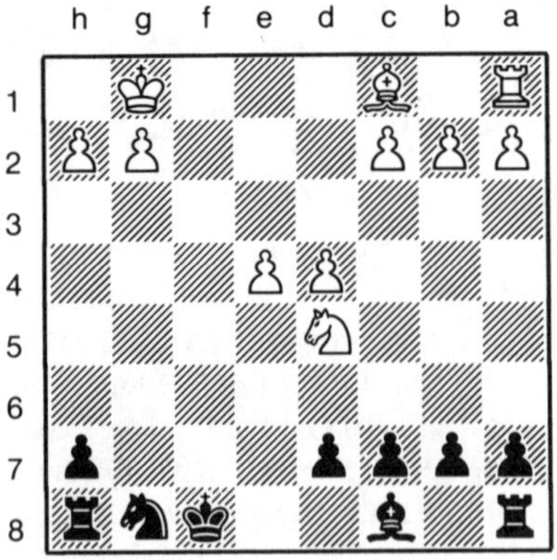

Stellung nach 14.Sd5

Typisch Muzio-Gambit: Trotz seines Mehrturms ist Schwarz nahezu wehrlos. Zugleich illustriert diese Variante auch vorzüglich, warum Weiß im Muzio so häufig mit Damentausch einverstanden ist: Nach dem Abtausch der aktiven schwarzen Dame fällt der weiße Entwicklungsvorsprung stärker ins Gewicht.

b) 6. . . .De7 wurde lange als beste Verteidigung angesehen und aufgrund der Befürwortung durch From (1862) als **„dänische Verteidigung“** bezeichnet. 7.d4 (7.Dxf4 Dc5† 8.d4 Dxd4† 9.Le3 Dxc4 10.De5† De6 11.Dxh8 Dg6 12.De5† Le7 =; 7.d3!? b5 8. Lb3 b4 9.Dxf4 Sc6 10.Dxc7 Lg7! 11.Lxf7† Dxf7 12.Txf7 Le5! =+ *Neumann – Anderssen,* Berlin 1865) 7. . . .Sc6 8.Sc3! (8.c3 Se5! *Dubois – Anderssen,* 1862; 8.Dxf4? Lh6!; 8. Lxf4 Sxd4 9.Dd3 Lg7? 10.Lxc7 Sh6 11.e5! mit Angriff, *Rev. G. McDonnell – Bird,* London 1872, 9. . . . Se6 ∞) 8. . . .Sxd4 9.Dd3 Se6 10. Sd5 (10.Lxf4 ∞) 10. . . .Dc5† 11. Kh1.

Diagramm 58

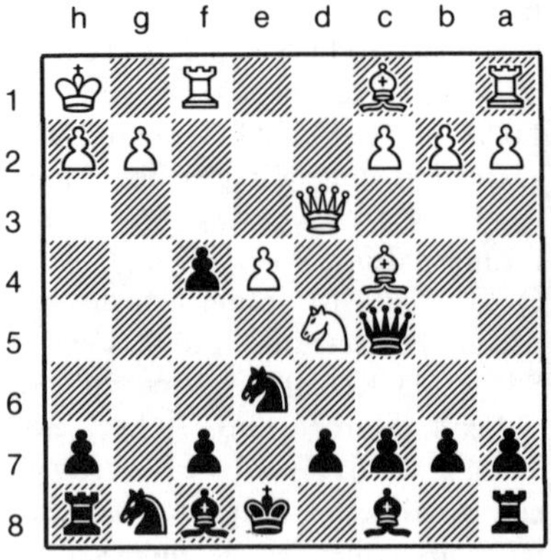

Stellung nach 11.Kh1

Die kritische Stellung der „dänischen Verteidigung"; Schwarz wird nicht so bald die Entwicklung nachholen können, da er vorläufig mit der Abwehr direkter Drohungen beschäftigt ist:

b1) 11. . . .Lh6 12.Ld2 Df8 13.Tad1! d6 (13. . . .c6 14.Lb4 c5 15.Lc3 Lg7 16.Sxf4) 14.Lc3 f6 (14. . . .Lg7 15. Lxg7 Dxg7 16.Sxc7†!) 15.e5!! fxe5 (15.. . .Sc5 16.Sxc7† Kd8 17.Dd5; 15.. . .dxe5? 16.Sxc7†) 16.Lxe5 dxe5 17.Sxc7† Kf7 18.Df5†! 1:0 *Jefrenow – Podsypanin,* Korr. 1949.

b2) 11. . . .b5 12.Lb3 Lh6 13.Ld2 Df8 14.Dc3 Dg7 15.Sxc7† Sxc7 16. Dxc7 Se7 17.Lc3 f6 18.e5 Tf8 19.Tae1 (19.La5) La6 20.exf6 Txf6 21.Lb4! Tc6 *Steinitz – Anderssen,* London 1862. Weiß hätte nun mit 22.Lxe7! Txc7 23.Lg5† Kf8 24.Txf4† glänzend gewinnen können.

b3) 11. . . .c6 12.b4 Dd6 13.e5!? (13.Lb2) 13. . . .Dxe5 (vielleicht ist 13. . . .Db8 besser) 14.Lxf4 Sxf4 15.Sxf4 Kd8 16.Lxf7 Kc7 17.Tae1 Dg5 (17. . . .Dg7 18.Sh5 Dh6 19. Dd4) 18.Te8 Sh6 19.Dd4? (19. De3! +—; 19.Sd5†!?; 19.Dd2?! Le7) 19. . . .Lg7 20.Dd2 Txe8! =+ *Anderssen – Zukertort,* 1865.

In der Hauptvariante (**6. . . .Df6!**) entwickelt sich Weiß ähnlich rasant, doch stehen dort die schwarzen Figuren viel günstiger im Sinne einer „Vorneverteidigung" (die Df6 beobachtet d4, f4; mit Sge7 kann Sc3-d5 vorgebeugt werden).

(s. Diagramm 59)

Diagramm 59

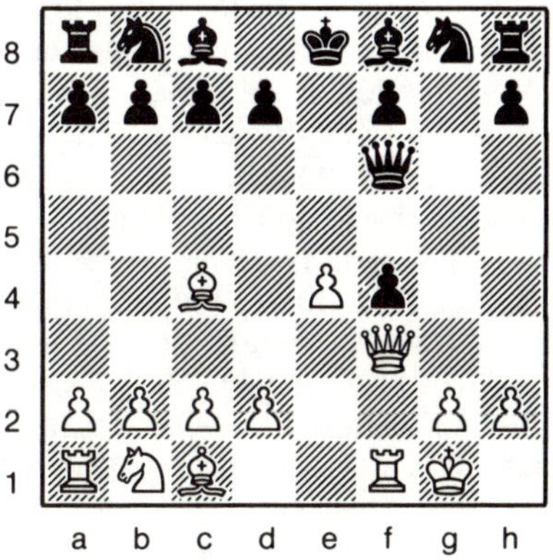

Stellung nach 6. . . .Df6!

7.e5

Dieser und der folgende Zug 8.d3 kennzeichnen die alte Hauptvariante des Muzio-Gambits; das Öffnen der e-Linie ist die natürlichste Methode, um den weißen Entwicklungsvorsprung in zielgerichteten Angriff umzuformen. Andere Möglichkeiten werden im nächsten Kapitel vorgestellt.

7. . . .Dxe5

Ließe Schwarz den Bauern am Leben (etwa mit 7. . . .Df5 8.d4 Lh6), so geriete die schwarze Dame in eine ungünstige Lage, und Weiß profitierte vom einengenden Einfluß des Be5 (Sc3-e4, Sc3-d5).

8.d3 Lh6

8.. . .Lc5†? 9.Kh1 Le3 10.Lxe3 Dxe3 11.Dh5 ±.

9.Sc3

Sehr interessant ist 9.Ld2, z. B.:

a) 9.. . .Dxb2 10.De4† (10.Sc3 Keres) 10.. . .Se7 11.Lc3 Db6†

12.Ld4 d5 und anstatt dem „Bilguer"-Rezept 13.Lxd5? Lf5 14.De5 f6 ∓ weiter zu folgen, gewinnt Weiß mit 13.De5 Material.
b) 9. . . .Kf8 10.Sc3 c6 11.Tae1 Dg7 12.Lxf4 Bilguer.
c) 9. . . .Dc5† 10.Kh1 d5? (10. . . . Se7 11.Sc3) 11.Dh5! mit Vorteil.
d) 9. . . .Se7! 10.Lc3 (10.Sc3! ergibt die Hauptvariante) 10.. . .Dc5† 11.Kh1 Tf8? 12.Sd2 Sbc6 13.Se4 (1:0, 30) *Babson – Steinitz,* Montreal 1893. Richtig war 11. . . .Tg8 12. Sd2 d5! (Bilguer).

9. . . .Se7 10.Ld2 Sbc6

In Verbindung mit 11. . . .Df5 galt der Textzug lange (von 1865-1902) als Widerlegung des Muzio-Gambits. Daher geriet das ältere und solide **10. . . .c6** 11.Tae1 (11.Se4 d5 12. Lc3 dxe4 13.Df2) 11. . . .Dc5† fast in Vergessenheit: 12.Kh1 (12.Tf2 Staunton) 12. . . .d5 (12. . . .0-0 13.Se4 Df5 14.Lc3 Lg7 15.Sd6 ±) 13.Dh5 Dd6 14.Lxd5.

Diagramm 60

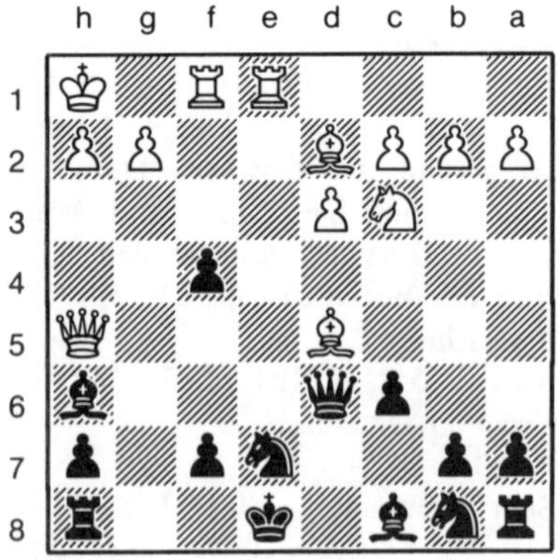

Stellung nach 14.Lxd5

a) 14. . . .cxd5 15.Sb5! (im vorigen Jahrhundert wurde 15.Sxd5 gespielt, mit Ausgleich) 15. . . .Db6 16.Lb4 Sc6 17.Sd6† Kd7 18.La3 Lg7 19. Dg4† Kc7 20.Dxf4 ± *Sämisch – Gunther* (Beratungspartie), Hannover 1926.
b) 14. . . .Dg6 15.Txe7†! Kxe7 16.De5† Le6 (16. . . .Kd7 17.Te1!) 17.Lxe6 ±, z. B. 17. . . .Dg7 (auf 17. . . .Sd7 oder Lg7 entscheidet 18.Sd5† cxd5 19.Lb4†) 18.Dc5† Kxe6 (18. . . .Kf6 19.Lf5) 19.Te1† Kf6 20. Se4† Kg6 21.h4! usw. (Bilguer).
c) 14. . . .0-0! 15.Txe7 (Laut Schlechter ist 15.Lb3 sehr stark. Aber es folgt 15. . . .Dg6, und der weiße Angriff verfliegt.) 15. . . .cxd5! 16. Sxd5 Sc6 17.Lxf4 Lxf4 18.Txf4 Sxe7 (18. . . .Dxf4?! 19.Sxf4 Sxe7 20.Dg5† Sg6 21.Sh5 Bilguer) 19. Sf6† Dxf6 20.Txf6 mit ungefähr gleichen Chancen (Schlechter). 20. . . .Sg6 21.h4 (21.d4 Te8! 22.Kg1 Te6) 21. . . .Kg7 22.Td6 Le6 23. Dc5 h5 24.Dd4† ∞.

10. . . .0-0 11.Tae1 Dc5† 12.Kh1 ist günstig für Weiß:
a) 12. . . .Sg6 (12. . . .c6 ist Zugumstellung zu 10. . . .c6) 13.Se4 Dc6 14.Dh5 Kg7 (14. . . .Lg7 15. Sg5 h6 16.Sxf7) 15.Lc3† f6 16.Sxf6 Txf6 17.Te7†! Kf8 (Bilguer), und Weiß gewinnt durch 18.Dxh6† Kxe7 19.Dg7† Ke8 20.Lxf6 (Keres).
b) 12. . . .Sbc6! 13.Lxf4 Lg7 (Berger) 14.Le3 Sd4 (14. . . .Da5 15. Ld2 Dc5 16.Se4 Estrin) 15.Lxf7† Kh8 16.Lxd4! (fast alle Quellen bezeichnen Collijns 16.De4 als stärker, worauf jedoch 16. . . .Sef5 möglich wäre) 16. . . .Lxd4 17.De4.

Diagramm 61

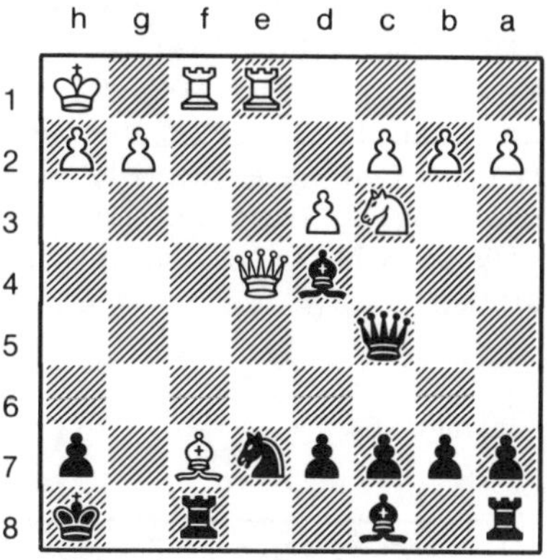

Stellung nach 17.De4

17. . . .Sc6 18.Tf5 d5 19.Txd5 Txf7 20.Txc5 Lxc5 (Keres) 21.Dd5! (21. Dc4 Te7 22.Tf1 Te5) 21. . . .Tf5 (21. . . .Te7 22.Txe7 Lxe7 23.h3) 22.Te8† Lf8 23.Dxf5 +=.

11.Tae1 Df5!

Diagramm 62

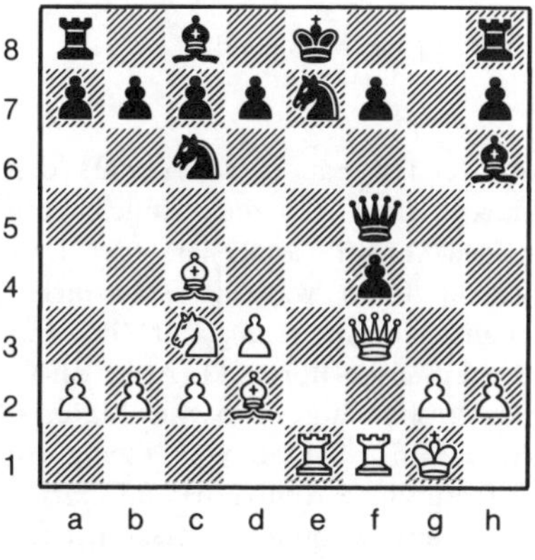

Stellung nach 11. . . .Df5!

Der „Paulsensche Zug", populär geworden nach der 6. Wettkampfpartie *Kolisch – Paulsen,* London 1861 (0:1, 35). Als „siegbringend" war er schon 1858 im „Chess Monthly" erwähnt worden (in einer Leserzuschrift).

11. . . .Dc5† 12.Kh1 ist die alte Behandlungsweise:

a) 12. . . .0-0 wurde in der vorigen Anmerkung (10. . . .0-0, b) besprochen.

b) 12. . . .Sd4 (12. . . .d6 13.Sd5 Se5 14.Txe5! dxe5 15.Lb4 Bilguer; 12. . . .Kd8 13.Lxf4 Sd4 14.Df2 Lxf4 15.Dxf4 mit Angriff, *Maroczy – Tartakower,* 1920) 13.Txe7† (13. Dh3 Lg5 14.Dh5 Mosor) 13. . . . Kxe7 (13. . . .Dxe7 14.Dh5 usw.) 14.Sd5† Kd8 15.Dh5 Df8 16.Lxf4 Lxf4 17.Txf4 Se6 18.Dh4† Ke8 19. Sf6†, und Weiß gewinnt.

12.Sd5

12.Te4?! (12.g4? Tg8 13.h3 d6!) 12. . . .0-0! 13.Lxf4 Lg7 14.De2 (14.Dg3 Dg6) 14. . . .d5! ∓.

12. . . .Kd8 13.De2!

Bis 1902 maß die Theorie den Wert dieser Hauptvariante noch an 13. Lc3 (13.Te4?! Sxd5 14.Lxd5 Se7!; unklarer wäre 14. . . .Dxd5 15. Te8† Txe8 16.Dxd5 Se5 17.La5!? Te6 18.Te1 Lg7 19.h4), z. B.:

a) 13. . . .Tg8 14.Txe7 Sxe7 15.Lf6 Te8 16.g4 Dg6 17.De2 Lf8 18.g5 d6 19.Sxf4 (Bilguer) 19. . . .Dg8! (Smout), und Schwarz gewinnt.

b) 13. . . .Tf8 14.g4 Dg6 15.h4 Sxd5 16.Lxd5 f6 17.De2 (Panow) Se5! 18.g5 Lxg5 19.hxg5 Dxg5†, mit klarem Vorteil für Schwarz (Kortschnoi/Sak).

c) 13. . . .Te8 kam in der Praxis am häufigsten vor:

c1) 14.Sf6 Tf8 15.g4 Dg6. Falls jetzt **16.h4?** *(Anderssen – Zukertort,* Breslau 1865), so 16. . . .d5! 17.

Lxd5 Lxg4 (Zukertort). **16.h3!** d6? (Schwarz muß den mächtigen Sf6 vertreiben — 16. . . .Lg5! 17.Sh5 f5 18.Lg7 Te8 usw.) 17.Te2 Sf5? 18.De4 Se3 19.Txf4! Lxf4 20.Dxf4 Sxc4 21.dxc4 Le6 22.c5! d5 23.b4 a6 24.a4.

Diagramm 63

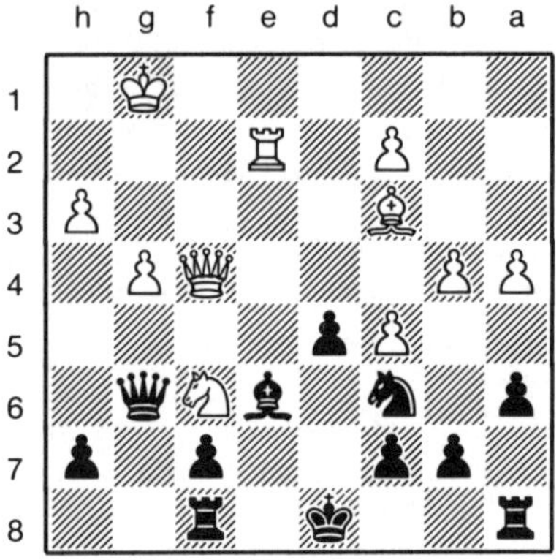

Stellung nach 24.a4

Schwarz hat einen Turm mehr; es fällt jedoch nicht leicht, die weiße Umklammerung abzuschütteln. 24. . . .Se7?! 25.b5 axb5 26.axb5 Sg8 27.b6 Sxf6 28.Lxf6† Ke8 29. bxc7 Tg8 30.Da4†! 1:0, *Mutschnik – Woronkow,* UdSSR 1948.

c2) 14.Lf6 Lg5 15.g4 Dg6 16.Lxg5 Dxg5 17.h4 Dxh4 18.Dxf4 d6 19. Sf6 Se5? (19. . . .Tf8! 20.Te2 Lf5! Rabinowitsch) 20.Txe5! dxe5 21. Dxe5 Lxg4? (21. . . .Le6! 22.Dd4† Sd5 23.Lxd5 Dg3† 24.Lg2† Dd6 = Cafferty 1955) 22.Dd4† Kc8 23. Le6†! 1:0, *Tschigorin – Dawidow,* St. Petersburg 1874.

c3) 14.De2 De6 15.Df3 Df5 16.De2 remis, *Keene – Pfleger,* Montilla 1974. Besser sind 14. . . .Lg5 (15. h4?! Lxh4 16.Txf4 Lxe1 ∓) oder 14.. . .f6 (15.Sxf6 Tf8; 15.Lxf6 Lg5), mit klarem Vorteil. Wir wenden uns nun wieder der Hauptvariante zu, wo (nach **13.De2!**) eine wichtige Schlüsselposition entstanden ist:

Diagramm 64

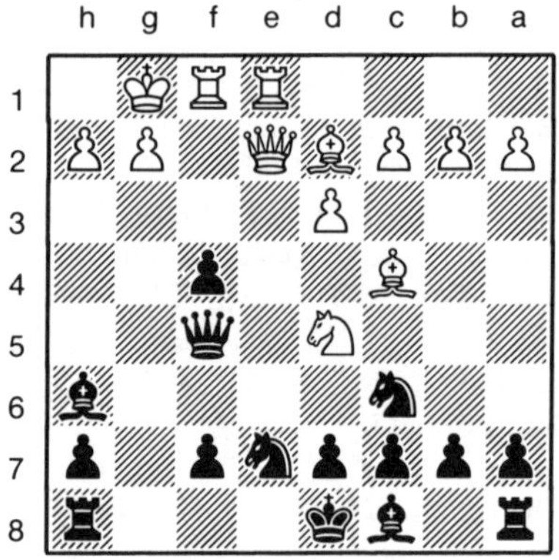

Stellung nach **13.De2!**

Als erster hat Pierce (1902) den durch den Textzug eingeleiteten **„Lean-Angriff“** analysiert (der Entdecker Lean war ein spielstarker englischer Amateur). 1909/10 sammelte **Snosko-Borowski** (Abk.: Sn-B) das rasch angewachsene Material (u. a. im Nachlaß von Tschigorin aufgefundene Analysen) und schrieb eine ungewöhnlich tiefschürfende **Abhandlung über 13.De2** (Leipzig 1911, 64 Seiten). Spätere Autoren berücksichtigten seine Ergebnisse vielfach nicht; eine Ausnahme bildet H. Smout (Niederlande), der seit

1980 zur Geschichte und Theorie des Lean-Angriffs wesentliche Beiträge geleistet hat.
Mit 13.De2! haben die Verwicklungen des Muzio-Gambits einen Höhepunkt erreicht. Der Hauptzug 13. . . .De6 führt, wie wir sehen werden, zum Ausgleich. Zuvor betrachten wir einige Gewinnversuche des Schwarzen.
13. . . .Lg5? 14.Lxf4 (14.h4! Bilguer) 14. . . .Lxf4 15.Txf4 De6 (15. . . . Dg5 16.h4 Sn-B) 16.Df2 Sxd5 17. Lxd5 Dh6 18.Tf6 Dg5 19.Lxc6 +— *Kantorowitsch – Poletajew,* Korr. 1953/54.
13. . . .Lg7? 14.Txf4 De6 15.Te4 Se5 (15. . . .Le5 16.Lg5 f6 17.Lxf6 Sn-B) 16.Lg5 f6 17.Sxe7 Dxe7 18. Txe5, und Weiß gewinnt, Sn-B.
13. . . .Te8? 14.Lxf4 (14.Lc3 — Bilguer — ist schlecht; siehe Kommentar zu 13.De2, Variante c3) 14. . . . Lxf4 15.Txf4 Dg5 (15. . . .Dg6 16.Te4 d6 17.Txe7! Mirotworski; 15. . . .De6 16.Te4 Df5? 17.b4! oder 16. . . .Dd6 17.Dh5! Sn-B) 16.Txf7 d6 17.Sf6 Se5 18.Sxe8 Sxf7 19.Lxf7 mit weißem Vorteil (Tschigorin).
13. . . .b5?! (Alapin)
a) 14.Sxe7 (! Sn-B) Dc5† 15.Tf2 **Dxe7** 16.Dh5 Dg5 17.Dxf7 Dg6 (17. . . .bxc4?! 18.Lc3 Tf8 19.Tfe2! Se5 Sn-B. ±) 18.Lc3 Tf8 19.Lf6† Dxf6 20.Te8† Txe8 21.Dxf6† Te7 (Sn-B) 22.Lf7 ± (Smout). Vermutlich ist **15. . . .Sxe7** vorzuziehen. 16.Lc3 (Sn-B) und laut Smout „gewinnt Weiß in allen Varianten" (z. B. 16. . . .Te8 17.Lxf7 Tf8 18.Ld4! Estrin). Wir schlagen jedoch 16. . . .f3!? 17. Dxf3 (17.De4 Tg8) 17. . . .Te8 vor; nach 18.Te5 d5 19.Lxd5 Lg4 ist die Lage äußerst unklar.
b) 14.Lc3 Te8 15.Lf6 Lg5 16.Txf4 Dxf4 17.Sxf4 Lxf6 18.Lxf7 Tf8 19. Dh5, und Weiß werde (so Sn-B) zwei verbundene Freibauern erhalten. Eine Parade ist aber 19. . . .h6! (Smout), und 15. . . .Lb7! ist auch gut (gibt die Mehrfigur zurück).
c) 14.Lxf4!? (von Mirotworski empfohlen) 14. . . .Lxf4 15.Txf4

Diagramm 65

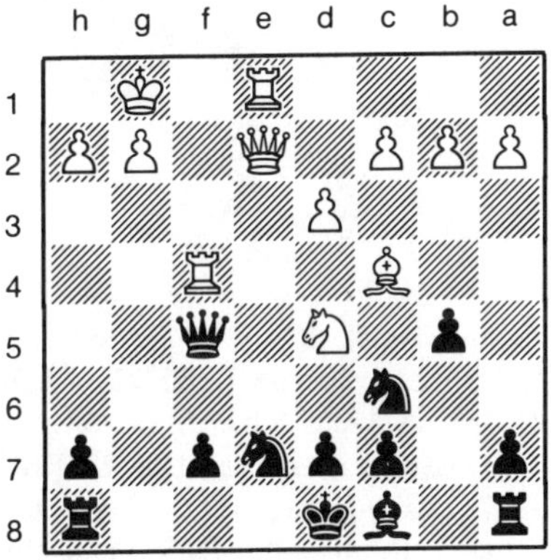

Stellung nach 15.Txf4

15. . . .Dxf4 (15. . . .De6! 16.Te4 bxc4 17.Txe6 cxd3 18.Dxd3 fxe6 19.Sxe7! Kxe7 20.Dc3 Tg8 21.Dc5† Kd8 22.Tf1 Se7 23.Tf7 d6 24.Db4 ±; 19. . . .Sxe7 20.Txe6 +=) 16. Sxf4 bxc4 17.dxc4! (eine Verbesserung; 17.d4?! ∞ *Mirotworski – Chardin,* Korr. 1908) 17. . . .d6 (17. . . .La6 18.b4; 17. . . .f6 18.c5) 18.Dh5 ±, z. B. 18. . . .Se5 19. Txe5 dxe5 20.Dxe5 und 21.Sd5! +—.
13. . . .Sg6 14.Lc3 Sce5 15.Lxe5 (15.d4? Sc6!) 15. . . .Sxe5 16.Dxe5 Dxe5 17.Txe5 (+= Sn-B, =+ Smout).

Diagramm 66

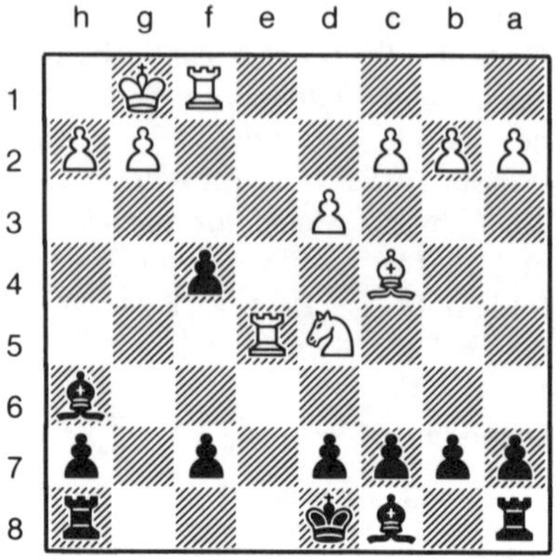

Stellung nach 17.Txe5

Diagramm 67

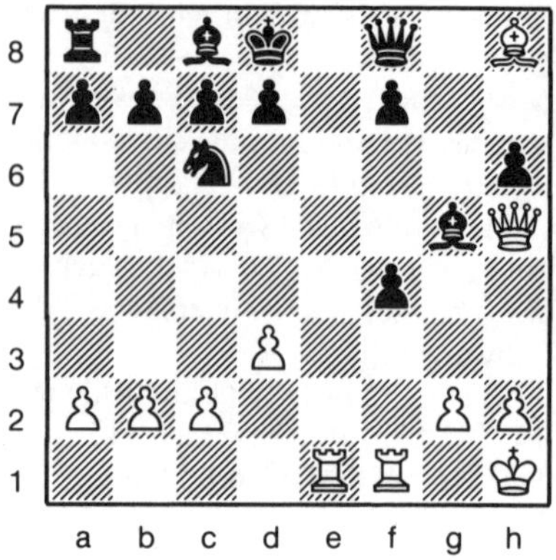

Stellung nach 18. . . .h6

Zum Beispiel: 17. . . .c6 18.Sxf4 d5 19.Lb3 Lg7 20.Tg5 Lxb2 21.c4 Lf6 22.Tg3 Ld4† 23.Kh1 dxc4 24.Lxc4 Tf8 25.Se2 Le5 26.Te3 Ld6 27.Txf7 Txf7 28.Lxf7 Ld7 mit wahrscheinlichem Remis (Sn-B). Vielleicht kommt 14.g4!? in Betracht: 14. . . . Dg5 (14. . . .f3 15.gxf5 fxe2 16. Lxh6; 14. . . .De6/e5 15.Lc3) 15. Lc3 Sce5 16.Lxe5 etc.

13. . . .Sxd5 (! Smout) 14.Lxd5 Dxd5 15.Lc3! (eine grundlegende Pointe von 13.De2!) 15. . . .Dc5† 16.Kh1 Lg5! 17.Lxh8 Df8 18.Dh5 h6 (18. . . .Le7 19.Dxh7 *Mirotworski – Iswekow).*

(s. Diagramm 67)

19.Lc3 d6 20.h4 Le7 21.Txf4 (nun setzt Snosko-Borowski mit 21. . . . Se5?!, Tonetti, fort) 21. . . .f5! mit Vorteil für Schwarz (Smout). Jedoch kann Weiß in der Diagrammposition leicht remisieren: 19.Txf4! Dxh8 (19. . . .Lxf4 20.Lf6† Se7 21.Lxe7† Dxe7 22.Txe7 Kxe7 23.Df5 Ld6 24.c4!) 20.Txf7 Le7 (20. . . .d5 21. Th7 Dg8 22.Tg7 Df8 = 23.Tf7 Dd6? 24.Tf6) 21.Dg6 d6 22.Tg7 =.

13. . . .De6! 14.Sxe7
Erstaunlicherweise halten noch immer einige Theoriewerke an der bekannten „Hauptvariante“ 14.Df2 (14.Df3) 14.. . .Df5 15.De2 mit Remis durch Zugwiederholung fest. Schwarz spielt aber 14.. . .Dg6! und kommt in Vorteil (Sn-B, Smout). In den Analysen von Snosko-Borowski schnitt 14.Lc3 am besten ab: 14. . . .Dxe2 (14. . . .Te8 15.Lf6! Sn-B) 15.Txe2 Tg8! 16.Sxf4 (16. Lf6? Lg5) 16. . . .d6! (16. . . .Lxf4 17.Lxf7! oder 16. . . .Tf8 17.Lf6, Sn-B) 17.Lxf7 Tf8 18.Se6† Lxe6 19. Lxe6 Txf1† 20.Kxf1 mit einer schwer einzuschätzenden Position (Sn-B).

Diagramm 68

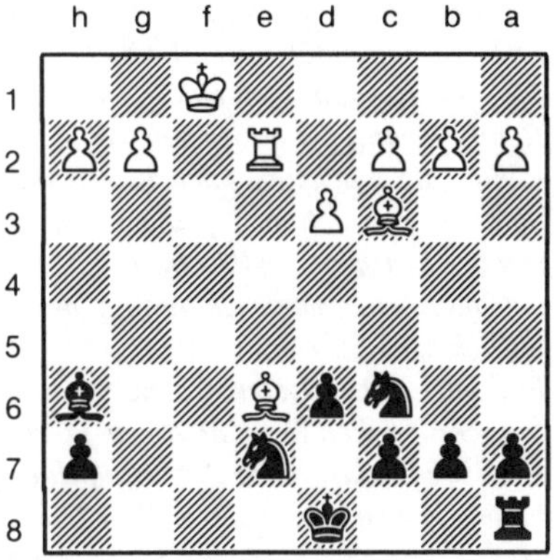

Stellung nach 20.Kxf1

Als mögliche Fortsetzung erwähnt Snosko-Borowski 20. . . .Se5 21. Tf2 S7g6 22.d4 **Sd7** 23.Tf7 Sdf8 24. d5 Lg5 25.g3 h5 26.h4 Le7 27.Lf6 usw. Hier scheint aber **22. . . .Sf4!** stärker zu sein, z. B. 23.Lf5 (23. dxe5? Sxe6 24.Tf6 Lg7! 25.Txe6 Kd7 —+; 24.exd6 Lf4 25.dxc7† Ke8! und gewinnt) 23. . . .Sc4 24.Lxh7 Ke7 (24. . . .Se3† 25.Kg1 Ke7) nebst evtl. Tf8, Sd5 (—+).

14. . . .Dxe7

14. . . .Dxe2? 15.Sxc6† bxc6 16. Txe2 ist günstig für Weiß.

15.Lc3! Tg8

15. . . .Dxe2? 16.Txe2 Te8 17.Lf6† Te7 18.Tfe1 Lf8 19.Ld5 und gewinnt (Tschigorin).

16.Dh5!

16.Tf2? Dxe2 (16. . . .d5? 17.Dh5) 17.Tfxe2 d5!.

16. . . .Dg5 17.Tf2

(s. Diagramm 69)

Diagramm 69

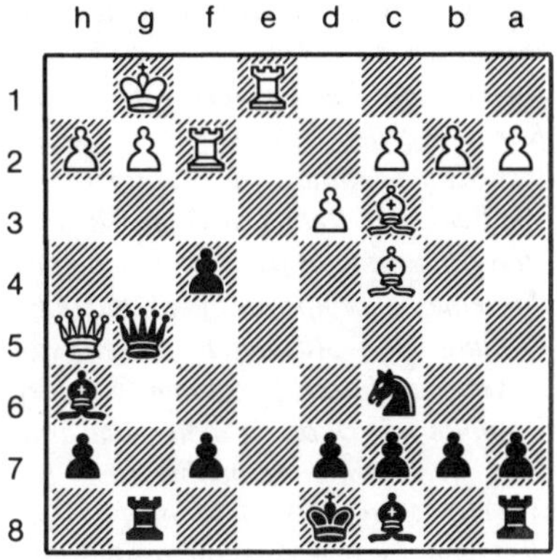

Stellung nach 17.Tf2

17. . . .Dxh5 18.Lf6† Se7 19.Lxe7† Ke8 20.Ld6† remis.

In der Diagrammstellung sollte Schwarz nicht auf Gewinn spielen:
a) 17. . . .Se7 18.Dxf7 Tf8 19.Dxh7 d5 (19. . . .d6 20.h4 Dxh4 21.Lg7 Sn-B) 20.Lb4 (20.Txe7? Lf5! Sn-B) 20. . . .Te8 21.Tfe2 Lf8 und jetzt nicht 22.h4 Df6 (Sn-B), sondern 22.Lxd5! (22. . . .Dxd5 23.Txe7!) mit Vorteil für Weiß (Smout).
b) 17. . . .d5 18.Dxf7 d4 (18. . . . Tf8 19.Te8† Txe8 20.Lf6† =; 19. Lf6† Dxf6 20.Te8†, Sn-B, und Weiß steht besser) 19.Ld2! (19.Lxd4 Sxd4 20.Dxg8† Dxg8 21.Lxg8 Lf5 Sn-B; 19.Tfe2 Ld7 20.Dxg8† Dxg8 21. Lxg8 Smout, mit gutem Spiel für Weiß) 19. . . .Tf8 20.Lxf4 Txf7 21. Lxg5† Lxg5 22.Txf7 Le3† 23.Kh1 h6, und Weiß ist im Vorteil (24.Tf1; 24.c3).

Fazit: *Die Klassische Hauptvariante des Muzio-Gambits (7.e5) ist nach wie vor ein reizvolles Betätigungsfeld für Theoretiker; es ist gewiß noch zu*

früh, diese faszinierendste Variante des Königsgambits für gänzlich ausdiskutiert zu halten.
Im vorigen Jahrhundert war es eine Kernfrage der Schachtheorie: Reicht im Muzio-Gambit der Angriff des Weißen zum Remis aus? Auf den ersten Blick mag es paradox erscheinen, daß eine so kompromißlos scharfe Eröffnung zum Ausgleich führen soll.
In vergleichbaren Systemen (Najdorf-Variante mit Dxb2, Drachen-Variante) läßt sich ähnliches beobachten: Der Angriff dringt oft nicht durch, doch die dynamischen Vorteile ermöglichen es dem Angreifenden gerade noch, sich ins Remis zu retten (Dauerschach, Zugwiederholung).
Zwar hat Schwarz im Muzio-Gambit auf den Remisversuch 14.Df3 (14. . . . Df5 15.De2; Pierce, 1902) eine starke Antwort in 14. . . .Dg6!, doch scheint 14.Sxe7 den Ausgleich sicherstellen zu können, wie Smout 1980 (im „Schaakbulletin") gezeigt hat.
7.e5 dürfte somit spielbar sein. Die Remisvariante ist außerdem wenig bekannt; die Nachziehenden lassen sich ja auch nur selten auf die Gambitspiele nach 4. . . .g4!? ein, bei denen umfangreiche Theoriekenntnis unerläßlich ist.
Ein gut vorbereiteter Nachziehender braucht freilich 7.e5 nicht zu fürchten. Weiß darf von der Hauptlinie kaum abweichen, während Schwarz 10. . . .c6, 13. . . .Sg6, 13. . . .Sxd5 immerhin in Erwägung ziehen kann.
Ob man sich als Weißer für 7.e5 oder für eine der Alternativen (7.d3!? – Kapitel VIII; 5.Sc3!? MacDonnell-Gambit) entscheidet, sollte man von der jeweiligen Situation abhängig machen.

Kapitel VIII
Muzio-Gambit, Moderne Hauptvariante 7.d3

1.e4 e5 2.f4 exf4 3.Sf3 g5 4.Lc4 g4 5.0-0 gxf3 6.Dxf3 Df6
Im vorigen Kapitel setzte Weiß mit 7.e5 Dxe5 8.d3 fort. Hier werden wir uns mit den verbleibenden Alternativen im siebten oder achten Zug von Weiß befassen. Von besonderer Bedeutung ist die Angriffsmethode 7.d3, welche ohne das Öffnen der e-Linie (e4-e5) auszukommen sucht.
Auf diese Spielweise hat erst **1873 Meisels** (in der „Deutschen Schachzeitung") die Aufmerksamkeit der Theoretiker gelenkt. Es geschieht z. B. 7. . . .Lh6 8.Lxf4 Lxf4 9. Dxf4 Dxf4 10.Txf4 Se7 11.Lxf7† Kd8; Weiß hat für den Springer zwei Bauern und eine lang anhaltende Initiative. Warum man erst so spät auf diese Idee kam, liegt auf der Hand: **Trotz seiner Minusfigur tauscht Weiß die Damen.** Dieser Abtausch hat jedoch keineswegs nur negative Auswirkungen: Die wirksam entwickelte Df6 war eine starke Verteidigungsfigur (vgl. Kap. VII).
Zuvor seien noch einige schwächere Versuche erwähnt:
7.e5 Dxe5 8.Lxf7†? Kxf7 9.d4

Diagramm 70

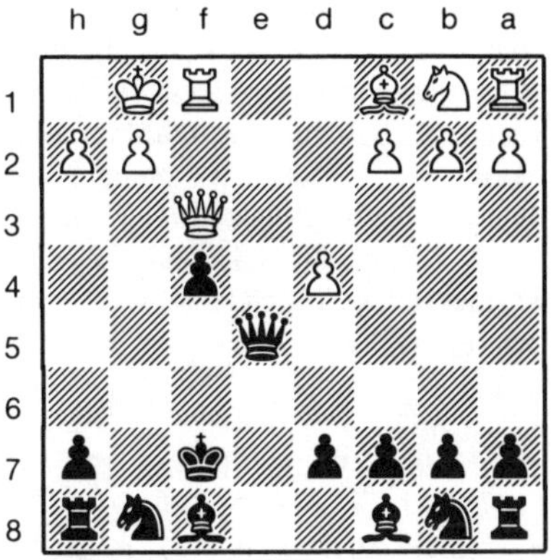

Stellung nach 9.d4

Dieses zweite Figurenopfer wurde von Cochrane in Vorgabepartien (bei Vorgabe des Sb1) angewandt, und auch von Morphy und Steinitz sind solche Partien überliefert (ohne Sb1): 9. . . .Dxd4† 10.Le3 Df6 11.Dh5† Dg6 12.Txf4† Sf6 13.Txf6†! usw.

8.Lxf7†? kam früher zwar hin und wieder vor, wurde aber eher als Kuriosum angesehen und daher kaum ernsthaft analysiert. Neuerdings wird sie von einigen Autoren als „beachtenswert" bezeichnet und sogar empfohlen. Das „Beweismaterial" ist in der Tat eindrucksvoll:

9. . . .Dxd4† 10.Le3 Df6 11.Lxf4! mit starkem Angriff:

a) 11. . . .Lg7?! 12.Sc3 Se7 13.Sd5 Sxd5 14.Dxd5† De6 15.Ld2† Kg8 16.Tae1! Dxd5 17.Te8† Lf8 18. Lh6! 1:0, *Smirnow – Tichonow,* 1954.

b) 11. . . .Se7 12. Sc3 Df5 (Keres) 13.De2 Ke8 14.Le5 De6 15.Tf6 Dg8 16.Dh5† ∞ (16.Sb5 =), und Weiß gewann, *Glaskow – Muratow,* 1973.

c) 11. . . .Se7 12.Sc3 Sf5?! 13.Se4 Dg6 14.g4 Le7 15.Kh1 Sh4 (1:0, 87) *Schüssler – Akvist,* 1976; 16.De3! +—.

Wäre das zweite Figurenopfer wirklich so stark, so hätte man es in der Blütezeit des Muzio-Gambits gewiß nicht übersehen. In Wahrheit hat schon die folgende Partie 1889 den Nachweis für die Inkorrektheit erbracht:

Showalter-Taubenhaus, New York 1889. **9. . . .Df5!** („Am besten", Steinitz) 10.g4 (10.Lxf4 Sf6) 10. . . . Dg6 11.Sc3 Sf6 12.Lxf4 d6 13.Lg3 Kg7 14.Sd5 Sxd5 15.Dxd5 Sc6 16.Dc4 d5 17.Dxd5 Le6 —+ (0:1, 26). Oder 11.Lxf4 Sf6 (Le7) 12. Le5 Le7 13.Lxf6 (13.Sc3 d6 14. Lxf6 Lxg4!?) 13. . . .Lxf6 14.Sc3 (*Nugent – Smith,* USA 1909) 14. . . . Kg7 15.Sd5 Tf8 16.Kh1 Sc6 —+.

7.c3?! d6! (7. . . .Sc6 8.d4 Sxd4 9.cxd4 Dxd4† 10.Kh1 Dxc4 11. Lxf4! d6 12.Sa3 De6 13.e5! ± *Snosko-Borowski – Maljutin,* Korr. 1899) 8.d4 Lh6 9.g3 Lh3 ∓.

Doch betrachten wir nun die sogenannte **„Abtauschvariante"**:

7.d3!? Lh6

Diagramm 71

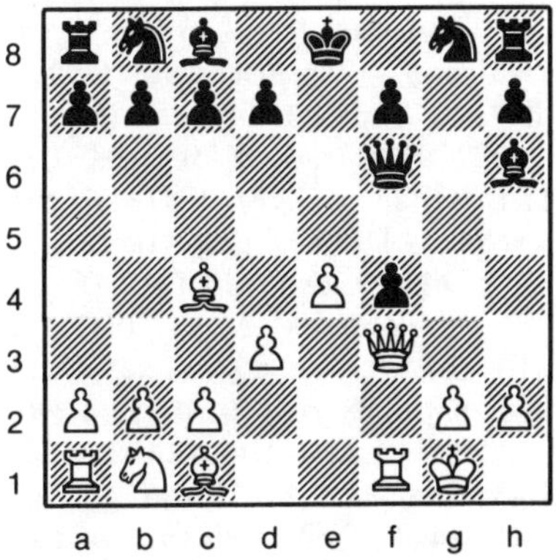

Stellung nach 7. . . .Lh6

Eine naheliegende und von Autoren wie auch Spielern bevorzugte Verteidigung. Der Generalabtausch auf f4 ist aber (trotz der Minusfigur!) nicht unbedingt ungünstig für Weiß, da der Gegner dabei etwas Zeit verliert und seine besten Verteidiger (Df6, Lf8) einbüßt. Beachtliche Alternativen sind:

a) 7. . . .Lg7? 8.Sc3 Sc6 9.Lxf4 Sd4 10.Df2 d6 11.Sd5 Dd8 12.e5! c6 13.Lg5 Dd7 (13. . . .Dxg5 14. Dxf7† Kd8 15.Dc7† Ke8 16.Tae1 dxe5 17.Sb6! +— axb6? 18.Tf8†) 14.Sc7†!! Dxc7 15.Lxf7† Kd7 16. Df5†! Sxf5 17.e6 #, *Nimzowitsch – Neumann,* Riga 1899.

b) 7. . . .d5 8.exd5 (8.Lxd5? c6 9.Sc3 Ld6) 8. . . .Lh6 (8. . . .Ld6? 9.Ld2) 9.Sc3 (9.Ld2 Se7 10.Lc3 Db6†) 9. . . .Sd7! (9. . . .Se7 10. Se4! oder 9. . . .Lf5 10.Ld2! v. Bardeleben) 10.De4† De7 11.Lxf4 Dxe4 12.Sxe4 Lxf4 13.Txf4 Sh6 14.Lb5! += *Zinkl – Modern,* Korr. 1899.

c) 7.. . .Lc5† 8.Kh1 Sc6 9.Sc3? (9.Lxf4) Sge7 (9. . . .Se5! 10. Dh5 d6 usw.) 10.Lxf4 d6 11. Sb5 Lb6 12.Dg3 Dg6 13.Lxd6 Le6 14.Lxe6 fxe6 15.Lxc7 += *Tschigorin – Tabuntschikow,* 1899.

d) 7. . . .Sc6! 8.Lxf4 Lc5† (8. . . . Dxb2? 9.Lxf7† Kd8 10.Lg5† Le7 11.Lxg8 d6 12.Df8† Kd7 13.Le6† Kxe6 14.Df5#, Bilguer; 8.. . . Lh6? 9.Lxc7 Dxf3 10.Txf3 f6 11. Sc3 ± *Popert – N. N.,* 1841) 9. Kh1 d6?! (9. . . .Se5 10.Lxe5 Dxe5 11.Lxf7† Kd8 ∞) 10.Sc3 Lb6 (10. . . .Se5 11.Lxe5 Dxf3 12.Lxh8) 11. Dg3 Sd8 12.Lxd6 Dxd6 13.Dg7 Ld4 14.e5! mit weißem Vorteil, *Tabuntschikow – N. N.,* Fernpartie.

8.Sc3

8.Lxf4 Lxf4 9.Dxf4 Dxf4 10.Txf4 war die (von Meisels stammende) ursprüngliche Form der „Abtauschvariante“. Schwarz braucht hier aber nicht 10. . . .Se7 zu spielen, wie bei der Textzugfolge (10. . . .Sc6!?; 10. . . .Sh6 11.Th4 Sg8 12.Sc3). Marco riet dennoch zu 8.Lxf4 (wegen 8.Sc3 Se7 9.Lxf4 . . . 11. . . . f5!).

8. . . .Se7

8.. . .Sc6?! 9.Sd5 Dd4† 10.Le3! Dxb2 11.Lxf4 Se5 (*Flamberg – Kleczinski,* Warschau 1899) 12.Sxc7† Kd8 13.Lxe5 Dxe5 14.Sxa8 +—.
8. . . .c6 9.Lxf4 (9.e5 Dxe5 10. Ld2 Se7 11.Tae1 Dc5† siehe voriges Kapitel, 10. . . .c6; 10. . . .Dc5† 11.Kh1 d5 12.Tae1† Le6? 13.Dh5) 9. . . .Lxf4 10.Dxf4 Dxf4 11.Txf4 mit ausreichender Kompensation.

9.Lxf4!

9.e5?! Dxe5 (9. . . .Df5) 10.Lxf4? (10.Ld2! mit Zugumstellung zum vorigen Kapitel) 10. . . .Dxf4! (10. . . .Lxf4? 11.Tae1 ∞) mit Vorteil.

9. . . .Lxf4

Schwächer ist 9. . . .Dxf4? 10. Lxf7† Kd8 11.Dxf4 etc.

10.Dxf4 Dxf4 11.Txf4

(s. Diagramm 72)

11. . . .f5!?

a) 11. . . .d6 12.Lxf7† Kd8 13. Taf1 Sbc6 14.Lb3! Sg6 15.Tf7 Ld7 16.Tg7 Sce7 17.Sd5 Sxd5 18. Lxd5 Sf8 19.Tf6 c6 20.Lg8 Kc7 21.h4 Te8 22.d4 h5 23.d5 (23. b4!?) cxd5 24.exd5 (Analyse Salvioli).

(s. Diagramm 73)

Diagramm 72

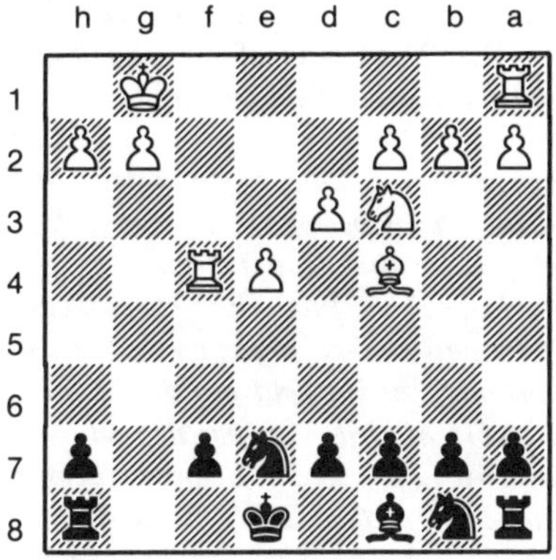

Stellung nach 11.Txf4

Diagramm 73

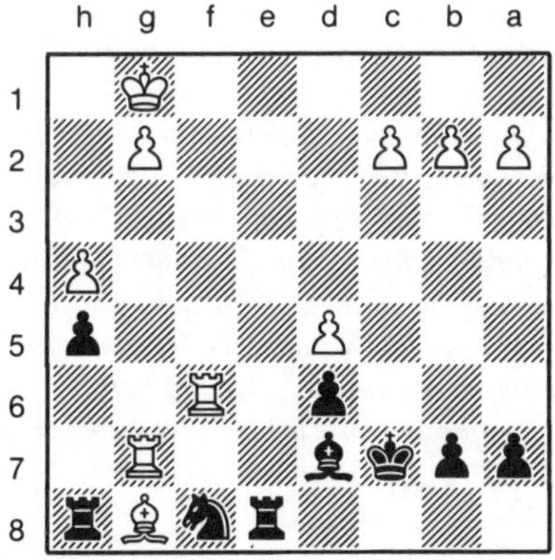

Stellung nach 24.exd5

Wie ist diese außergewöhnliche Position zu beurteilen?

a1) 24. . . .Txg8? 25.Txg8 Sh7 26. Tfg6 Txg8 27.Txg8 Sf6?! (27. . . . Lf5 28.c4) 28.Tg7 ± (droht 29. Tf7 Sxd5 30.Th7 usw.).

a2) 24. . . .Kb8?! 25.Txd6 Lf5 26. c4 Sd7 27.Le6 Lxe6 28.dxe6 Sb6 (28. . . .Sc5 29.e7) 29.c5 Sc8 30. T6d7 mit gutem Spiel für Weiß.

a3) 24. . . .a5! 25.a3 (25.Le6? Th7) 25. . . .a4 26.Kf2 Tc8 =, z. B. 27. Ke3 Te8† 28.Kd4 Txg8.

b) 11. . . .0-0? 12.Taf1

b1) 12. . . .d5 (12. . . .Sg6 13.Txf7 Txf7 14.Txf7 Kh8 15.Sd5 Sa6 16. Sf6 usw., Bilguer; 12. . . .c6 13.e5) 13.Lxd5 Sxd5 14.Sxd5 Sa6 15. T1f3 Le6 16.Tg3† Kh8 17.Sf6 Tg8 18.Th4 Tg7 19.Tg5 Tag8 20. Txh7† Txh7 21.Txg8 #, *Gold – v. Kochanowsky,* Wien 1887.

b2) 12. . . .Sbc6 13.Txf7 Txf7 14. Lxf7†! (14.Txf7? d5 15.Sxd5 Kxf7 16.Sxc7† „±", Bilguer, doch nach 16. . . .Le6! steht Schwarz gut) nebst 15.Sb5 mit weißem Vorteil.

12.exf5 c6 13.Te1 Kd8

13. . . .d5? 14.f6 dxc4 15.Txe7† und 16.Se4.

14.Lf7! d5

Verhindert 15.Se4. Der weiße Springer ist nun vom Kampfplatz ziemlich abgeschnitten. 14. . . .Tf8? 15.f6.

15.f6 Sg6 16.Lxg6 hxg6

Diagramm 74

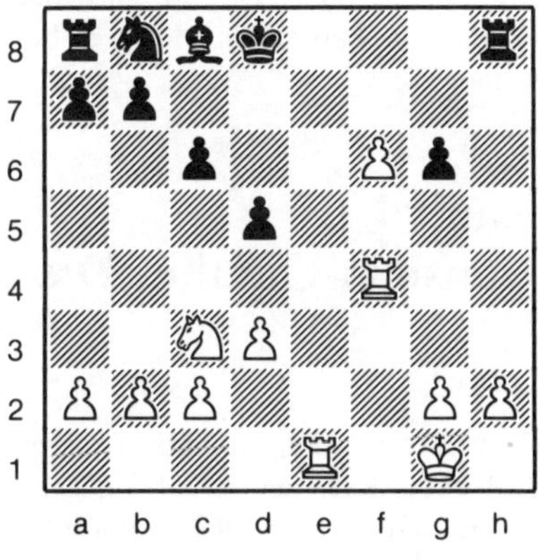

Stellung nach 16. . . .hxg6

Falls Weiß jetzt einfach 17.Te7 Sd7 18.Tg7 Sf8 spielt, wird sich Schwarz ohne Mühe konsolidieren (Bilguer). Viele Autoren glauben daher nach 16. . . .hxg6 an „∓“ und raten wegen dieser Zugfolge von 7.d3!? ab. 17.f7?! Sd7 18.g3 (18.Te6? Sf8 19.Te8† Kc7 20.Se2 droht 21. Th4!, jedoch: 20. . . .g5!) 18. . . . Tf8! 19.Se2 Se5 20.Sd4 g5! usw.

17.Se2!

Eine wesentliche Verstärkung des weißen Spiels. Der Springer wird in Eilmärschen zum Königsflügel geführt.

17. . . .Sd7

17. . . .g5!? (17. . . .c5? 18.Sc3; 17. . . .Ke8 18.Sd4† Kf8 19.Sf3! mit Vorteil für Weiß) 18.Tff1, und Schwarz steht vor Problemen (18. . . .g4 19.Sf4; 18. . . .Lg4 19.Sd4).

18.Sd4 Sf8 19.f7 Ld7 20.Sf3!

Trotz seines Materialvorteils ist Schwarz nicht zu beneiden:

a) 20. . . .Th5 (20. . . .Se6? 21. Txe6 usw.) 21.g4 Th8 22.Kg2 Kc7 23.Sg5. Dieser Springer ist Schwarz äußerst lästig; unter anderem kontrolliert er das Feld e6, das der Gegner für befreiende Manöver benötigt.

b) 20. . . .Le6 21.Sg5 Ke7 (21. . . . Kd7 22.g4) 22.Tf2 (22.c4!) Td8 23. d4 Td6 24.g4 Kd7 25.h3, und Weiß steht offensichtlich besser.

Fazit: *Es war keineswegs unsere Absicht, die Überlegenheit von 7.d3!? über die alte Hauptvariante (7.e5) nachzuweisen. Immerhin wurde deutlich, daß die geistreiche „Abtauschvariante“ zu Unrecht von der Theorie verworfen wird. Von der angeblichen Widerlegung weicht Schwarz besser mit 11. . . .d6 oder 7. . . .Sc6 ab. Auch heute ist Schwarz im Muzio-Gambit noch nicht vor Überraschungen sicher; vor allem im Bereich von 7.d3!? oder auch 5.Sc3 (MacDonnell-Gambit) gibt es noch viele weiße Flekken. Das macht die Vorbereitung für den Verteidiger recht schwierig; mit reinem Auswendiglernen von Buchvarianten ist es jedenfalls nicht getan. Der Weiße hat im Muzio-Gambit handfeste psychologische Vorteile. Die vielbeschworene „Gefährlichkeit“ dieses legendären Gambits ist durchaus kein leeres Gerede, wie die hohen Erfolgsquoten im Turnierspiel belegen.*

Kapitel IX
Hanstein-Gambit, Die Klassische Zugfolge (3. . . .g5)

Den Verteidigungsaufbau **1.e4 e5 2.f4 exf4 3.Sf3 g5 4.Lc4 Lg7** hat bereits Greco (ca. 1620) erwähnt. 3. . . .g5 leistet mehr als ein bloßes Festhalten am Mehrbauern f4 — nun kann Schwarz gelegentlich mit g5-g4 zum Angriff schreiten (z. B. Muzio-Gambit), das Stützen des Bf4 engt gegnerische Figuren ein (Lc1, Tf1), und der fianchettierte Lg7 ist glänzend postiert. Weiter geschieht meist flexibel und zurückhaltend d6, h6, Sc6; es fehlt also hier an Angriffszielen im Zentrum. Bestandteil eines jeden Angriffsplans von Weiß wird deshalb das Sprengen der schwarzen Bauernkette sein müssen — durch h2-h4 und/oder g2-g3. Wie wir sehen werden, macht diese Rahmenbedingung das weiße Spiel verhältnismäßig berechenbar (im Unterschied zu vielen anderen Teilsystemen des Königsgambits). Der Nachziehende hingegen kann auf verschiedene Arten versuchen, die entstehenden Schwächen am weißen Königsflügel auszunutzen. Die Lage ist sehr gespannt; Weiß muß zielstrebig vorgehen, damit der Gegner nicht Zeit zu einem heftigen Gegenangriff findet. In psychologischer Hinsicht ist diese Grundkonstellation natürlich nicht ungünstig für den Nachziehenden. Aufschlußreich ist die Tatsache, daß ein großer Teil der heutigen Großmeister gegen das Königsgambit 3. . . .g5 oder 3. . . . d6 (Kapitel X) anwendet; sie ziehen diese Varianten vor, obwohl mit ihnen ein vermehrter Vorbereitungsaufwand verbunden ist.

Nach **5.h4** spricht man vom „Philidor-Gambit“; es ist älter als die Angriffsweisen **ohne h2-h4,** welche man meist unter der Bezeichnung **„Hanstein-Gambit“** zusammenfaßt. Der letztere Name soll auf eine Stammpartie *Hanstein - von der Lasa,* Berlin 1849, zurückzuführen sein: 5.0-0 d6 6.d4 h6 7.c3 Se7 8.g3 fxg3? 9. Sxg5! usw. Aber schon vor 1849 wurde mit ähnlichen Zugfolgen experimentiert, welche das **Sprengen der Bauernkette** ohne h2-h4, allein **mit g2-g3** betreiben; so finden sich beispielsweise im Bilguer (1843) drei derartige Partien (Weiß jeweils v. d. Lasa, als Schwarzer in zwei Fällen Hanstein!). Das Verdienst Hansteins bestand wohl vielmehr darin, als erster die Spielbarkeit von **(5.0-0 d6 6.d4 h6 7.g3 g4) 8.Sh4 f3 9.c3** erkannt zu haben (früher zog man 9.Sxf3 oder 8.Lxf4, da die Bauernstellung g4/f3 wegen des eventuell möglichen h5-h4xg3 gefürchtet wurde). In seinem „Großen Schachhandbuch“ (1871) belegte nämlich Zukertort das Gambitsystem mit dem Namen Hansteins, indem er obige neun Züge (und weiter 9. . . .Sd7 10. Db3 De7 11.Sa3 Sb6 12.Ld3 Ld7 13.Ld2 0-0-0 mit besserem Spiel für Schwarz) anführte. Jedoch kam dies (bis 9.c3) auch in *Bird - Smith,* 1849, vor; die Frage der Priorität ist wohl nicht leicht zu klären.

Ein Meilenstein in der Geschichte des Hanstein-Gambits war die bekannte Partie **Spielmann — Grünfeld,** Teplitz-Schönau 1922 (1:0, 31). Sie erschütterte die alte Ansicht der Theoretiker, die Behandlung mit x.g3 g4 y.Sh4 f3 (und insbesondere ein späteres Springeropfer auf f3) müsse nachteilig für Weiß sein. Den nachfolgenden erneuten Widerlegungsversuchen (u. a. von Grünfeld) waren nur noch Teilerfolge beschieden; heute herrscht der gemäßigte Standpunkt vor, Weiß erhalte ausreichend starke Angriffschancen, und die unverändert umstrittene Variante steht standesgemäß als „unklar“ in den Theoriebüchern.

Nach diesen einstimmenden Vorbemerkungen schreiten wir nun zur Analyse des Hanstein-Gambits. Es dürfte am sinnvollsten sein, sogleich mit der folgenden wichtigen **Schlüsselstellung** zu beginnen:

(s. Diagramm 75, S. 78 oben links)

Diagramm 75

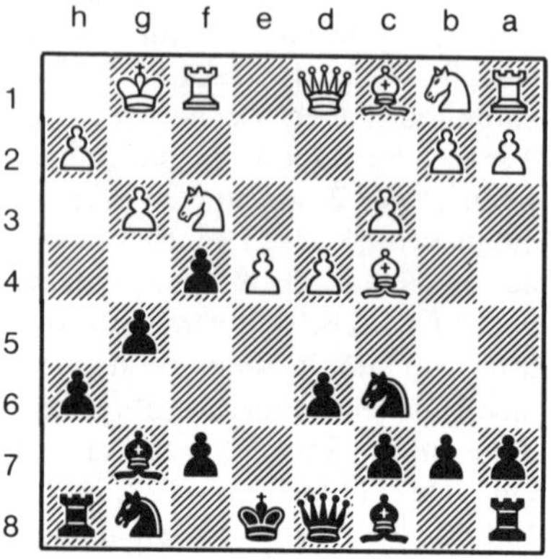

Stellung nach **8.g3**

Die Position ist nämlich auf verschiedenen Wegen zu erreichen, und mit den kleinen Vor- und Nachteilen der unterschiedlichen Zugfolgen (Feinheiten, über die manche Autoren sogar großzügig hinweggehen) werden wir uns erst anschließend befassen:

a) 3. . . .g5 4.Lc4 Lg7 5.0-0 d6 6. d4 Sc6 7.c3 h6 8.g3

b) 3. . . .d6 (Fischer) 4.Lc4 h6 5. d4 g5 6.0-0 Lg7 7.c3 Sc6 8.g3

c) 3. . . .h6 (Becker) 4.Lc4?! (4.d4!) d6 usw.

Fischers und Beckers Methoden werden in **Kapitel X** erörtert.

Ausgehend von der Position des Diagramms, folgen wir dem Gang der wichtigen Partie *Spielmann – Grünfeld* **(Variante A)**; danach soll (in **Variante B)** geprüft werden, was von dem neueren Zug **8. . . .Lh3!?** (Alapin, 1906) zu halten ist. Schließlich: Einzelheiten über die Zugfolge (a), die zu Diagramm 75 führt **(C)**.

A Das klassische 8. . . .g4 (Partie Spielmann — Grünfeld)

8. . . .g4

8. . . .Sf6?! 9.gxf4 g4 10.Sfd2! (10. e5? gxf3 11.exf6 Dxf6 12.Dxf3 Sxd4 13.De4† Kd8 14.cxd4 Te8 ∓ *Heuer – Kjärner,* 1962; 10.Sg5!? 0-0 11.e5 Sh5! 12.Se4 d5 13.Le2 Glaskow Dh4! ∓; 10. . . .d5!?) 10. . . .d5 11.exd5 Sxd5 (11. . . . Se7) 12.De2† De7 (12. . . .Sce7 13.f5 ECO) 13.Te1! += (13.Se4 ∞ ECO).

9.Sh4! f3 10.Sd2

10.Db3 De7 11.Lf4! (11.Sf5? ist verfrüht) 11. . . .Sf6 (11. . . .Lf6 12.Sf5 Lxf5 13.Dxb7 Tb8 14.Dxc6† Dd7 15.Da6 Lxe4 16.Sd2 Lg6 17. Dxa7 Txb2 18.Lb3 ± *Cortlever – Scholtens,* Leeuwarden 1943) 12. Sd2 Sh5 13.Le3! (Euwe) Lf6.

Diagramm 76

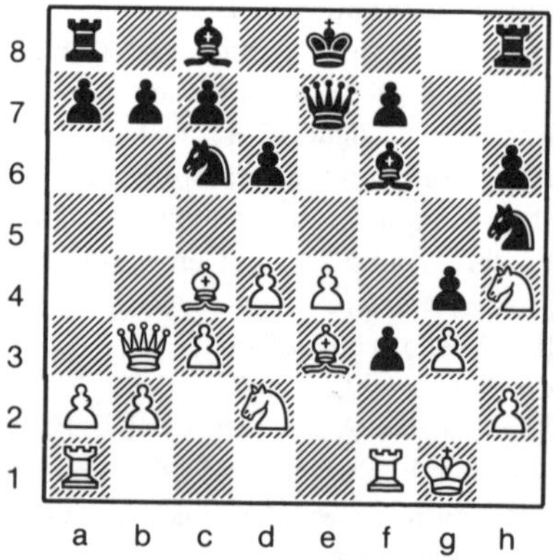

Stellung nach 13. . . .Lf6

a) 14.Sf5 Lxf5 15.Dxb7 Lxe4!? 16. Dxa8† Kd7 17.Db7 Tb8 18.Da6 Txb2 19.Tae1! Lg5 *(Freeman – Thi-*

mann, Korr. 1968) 20.Lf2! Txd2 (20. . . .Lxd2 21.d5; 20. . . .d5 21. Lb5) 21.d5 Ke8! 22.Dxc6† Kf8 23. Txe4! (Analyse Thimann).

b) 14.Sdxf3 gxf3 15.Txf3 (Bhend) ist von fraglichem Wert, z. B. 15. . . . Lxh4 16.Txf7 Dxe4 17.Te1 Le7 18.Ld5 Dg6 19.Lf2 (soweit Analyse Bhend) 19. . . .Kd8 (19. . . .Sf6) 20.Le4! De6 21.Ld5, und Weiß erreicht bestenfalls ein Remis.

10. . . .Dd7!? (anstelle von 10. . . . De7) ist eine bemerkenswerte Idee: 11.Sd2?! (11.Ld5! Sd8) 11. . . .Sa5 12.Dc2 Sxc4 13.Sxc4 Se7 14.Se3 (14.Lf4! E/G) 14. . . .Dc6 15.d5 Dc5 16.Kh1 Ld7 17.Ld2 a5 18. Dd3 h5 19.Tae1 Le5 20.Sc4 remis, *Kaplan – Karpow,* Stockholm 1969. Der Textzug ist vermutlich den Alternativen vorzuziehen.

10. . . .Lf6

Diagramm 77

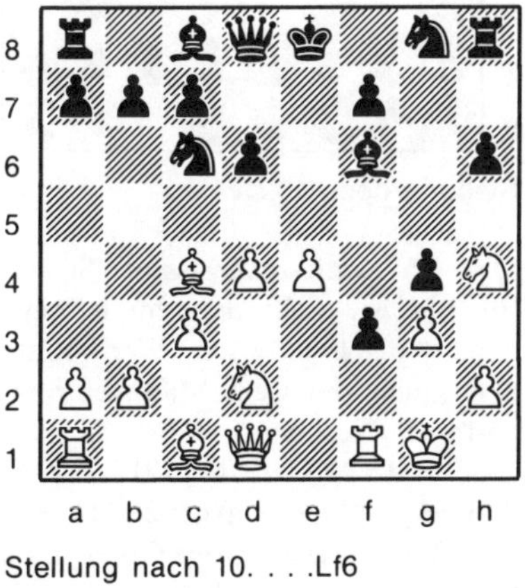

Stellung nach 10. . . .Lf6

Erzwingt das (allerdings korrekte) Springeropfer auf f3. Da Weiß „ja ohnehin auf f3 opfern muß“ (Fischer, 1961), versucht man neuerdings auch neutralere Entwicklungszüge. Gewiß ein beachtliches Konzept, welches aber auch Schattenseiten aufweist:

10. . . .De7 (Fischer) 11.Db3 (11. Te1 Glaskow Ld7 12.Sf1, und Weiß hat eine gute Stellung; 11.e5!? dxe5 12.d5 Sd8 13.Se4 f5 14.d6 Dd7 15.Sxf5! bzw. 13.. . .Sf6 14.d6 Dd7 15.dxc7! Sxe4 16.cxd8†, jeweils mit ausgezeichneten Angriffschancen) 11.. . .Sf6 (11.. . .Lf6 12.Sf5 Lxf5?! 13.Dxb7 Tb8 14. Dxc6† Dd7 15.Da6 Lg6 16.Dxa7 Td8 17.a4 Glaskow; 11. . . .Dd7 12.Ld5) 12.Te1 (12.Sf5? Lxf5 13. Dxb7 0-0 ∓ *Santasiere – Evans,* 1950), und Weiß steht besser. Wie man sieht, ist das weiße Spiel keineswegs ausschließlich auf Sxf3 zugeschnitten.

10. . . .Sf6 ist besser:

a) 11.Sf5 Lxf5 12.exf5 0-0 13.Ld3 Te8 (13. . . .d5 14.h3 h5 15.hxg4 hxg4 16.Sxf3 gxf3 17.Dxf3 Se4 18. Lxe4 dxe4 19.Dxe4 Sxd4 ist laut Kortschnoi günstig für Schwarz; es folgt aber 20.Dg4!) 14.h3 h5 15. hxg4 hxg4 16.Sxf3!? gxf3 17.Dxf3 d5 18.Lg5 Kf8 19.g4 Dd7 20.Lh4 Te4? (20. . . .Se4 war erforderlich, 21.Dg2 f6 22.Tae1) 21.Lxe4 dxe4 22.De2 Sh7 23.f6 Lh6 24.Tf5! +—, *Heuer – Willard,* Tallinn 1964. Die Partie beinhaltet ein instruktives Motiv: Weiß variiert das Standardopfer Sxf3 durch das vorgeschaltete 14.h3 h5, um das Feld g5 zur Verfügung zu haben (18.Lg5 fesselt Sf6!). Probieren wir eine andere Version:

b) 11.h3 (11.Db3 0-0, z. B. 12.Sg6? Sa5) 11.. . .h5 12.Sdxf3!? gxf3 13.Dxf3 Lxh3 (13. . . .Le6 14.Lxe6 fxe6 15.Sg6 und 16.Lg5; 13. . . . Sa5 14.Ld3 Dd7 15.Sf5 Lf8 16.Lg5 Sh7 17.Lh4 oder 16. . . .Sg8 17.d5 mit Angriff) 14.Lg5 Lxf1 15.Txf1, z. B. 15. . . .Tg8 16.Lxf7† Kxf7 17.Dxh5† Ke6 18.d5†, und Weiß wird mindestens ein Remis erreichen. Oder auch 12.Kh2 d5 13.exd5 (13.Ld3) Sxd5 14.Sdxf3 gxf3 15. Dxf3 Le6 16.Sf5 Lf8 17.Lb5 mit anhaltendem Angriff.

11.Sdxf3!

a) 11.Shxf3 gxf3 12.Dxf3 soll 12. . . .Lh3 verhindern (13.Lxf7† Kxf7 14.Dh5†); andererseits fehlt der Sh4 im Angriff: 12. . . .De7 (12. . . . Le6 13.Lxe6 fxe6 14.e5 dxe5 15. Se4 =) 13.e5 Lxe5! (13. . . .dxe5 14.Se4 =) 14.Dxf7† Dxf7 15.Lxf7† Ke7 16.dxe5 Sxe5 = (Keres). 12. . . .h5!? 13.e5 Lg4 14.Dg2! Dd7 15.exf6 0-0-0 ∞.

b) 11.Db3 (Glaskow) Th7! 12.Sf5 Lxf5 13.exf5. Glaskow setzt mit 13. . . .Kf8 14.Dxb7 Sa5 15.Da6 Sxc4, etwa =, fort; außerdem kommt 13. . . .Tb8 in Betracht.

11. . . .gxf3 12.Dxf3 Lh3

Diagramm 78

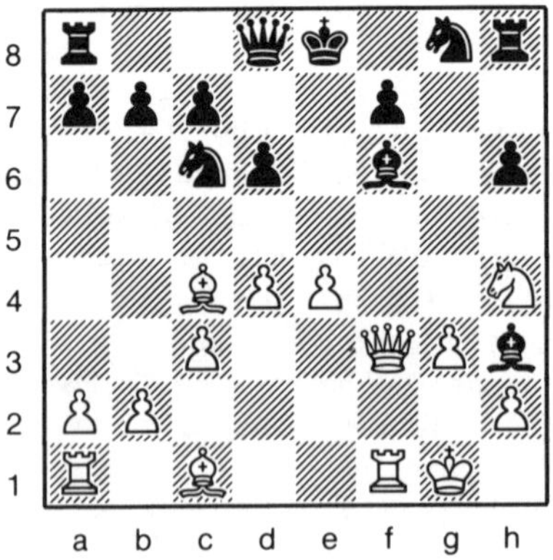

Stellung nach 12. . . .Lh3

In der Partie *Spielmann – Grünfeld,* Teplitz-Schönau 1922, entschied sich der Nachziehende für das nur scheinbar solide **12. . . .Th7?** (überdeckt f7 prophylaktisch) 13.Sg6!! Tg7 (13. . . .fxg6 14.Lxg8 Tg7 15.Lc4 Le7 16.Lxh6; 13. . . .h5 14.e5 Lg4 15.De4) 14.Sf4 Lg4 15.Dg2 Lg5 16.h3 Ld7 (16. . . .Lxf4 17.Lxf4 Ld7 18.Tae1 De7 19.e5 d5 20. Lxd5 0-0-0 21.b4! mit starkem Angriff) 17.Sh5 Th7 18.e5! dxe5 19. De4 +—.

Diagramm 79

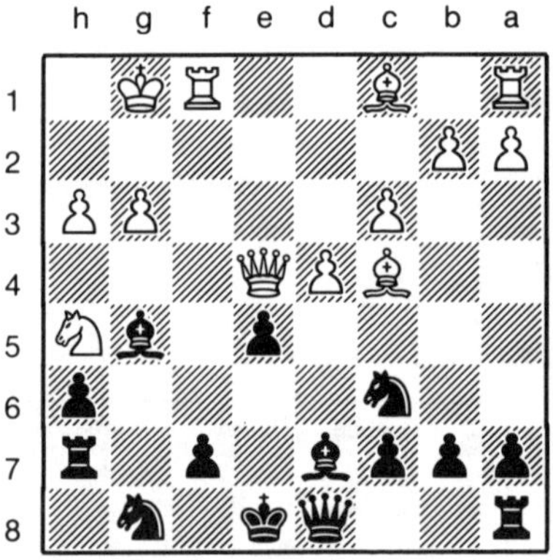

Stellung nach 19.De4

Daß Th7 kein zuverlässiger Schutz für Bf7 ist, stellt man im Königsgambit regelmäßig fest. Wer konnte aber auch mit dem Manöver Sh4-g6-f4-h5 rechnen? 19. . . .f5 20. Txf5! Lxf5 21.Dxf5 Te7 (21. . . .De7 22.Dg6†) 22.Lxg5 hxg5 23.Tf1 +— (1:0, 31). Diese wuchtige Opferpartie bekam keinen Schönheitspreis, während Grünfeld gar deren vier (von insgesamt sieben) zugesprochen erhielt. Dazu mag Grünfeld beigetragen haben, mit seiner (angeblichen)

Widerlegung 12. . . .Lh3 (Textzug).
12. . . .De7 stammt von Tartakower. Fischer griff 1961 den Zug erneut auf und behauptete sogar, Schwarz „gewinne leicht" (was freilich nicht zutrifft, denn sonst hätte Spasski sich kaum auf die Variante eingelassen, s. u.). 13.Dh5 (oder 13. Sf5; 13.Tf2?! Sa5) 13. . . .Lh3 (13. . . .Ld7 14.Sg6) 14.Sf5 Lxf5 15. Dxf5 (15.Txf5 Th7!) 15. . . .h5 (15. . . .Dd7 16.Dh5 Th7 17.Lf4!) 16.h4!? Dd7 17.Lg5 Dxf5 18.Txf5 Lxg5 19.Lxf7† mit ausreichender Kompensation; ähnliche Situationen sind aus dem Muzio-Gambit bekannt.
13.Tf2!
Bei seiner Analyse von 12. . . .Lh3 hatte Grünfeld lediglich die folgenden Züge berücksichtigt:
a) 13.Lxf7†? Kxf7 14.Dh5† Kg7! (besser als 14. . . .Ke6, Grünfeld).
b) 13.Te1 Dd7 usw.
c) 13.Dh5?! Dd7 14.Tf4 0-0-0 15. Sf3 (15.Lb5 Lg5 16.Txf7 De6!, Grünfeld) 15. . . .Se5! 16.dxe5 dxe5 17.Tf5 Lxf5 18.Dxf5 Dxf5 19.exf5 (*Spasski – Ornstein,* Nizza 1974) 19. . . .e4! 20.Sd2 Lg5 21.Sb3 Td7 mit schwarzem Vorteil (Ornstein).
13. . . .Dd7 14.e5 Lxh4
14. . . .dxe5?! 15.dxe5 Lxh4 (kaum besser erscheint Tartakowers 15. . . . Sxe5 16.Dxb7) 16.Lxf7† Ke7, und jetzt 17.Le3!, Keres (anstelle von 17.e6, Euwe) mit kraftvollem Angriff (z. B. 17. . . .Dg4 18.Dd5).
15.Lxf7† Kd8
15. . . .Ke7!? (Bhend) 16.e6 Lxe6 17.Lxe6 Dxe6 18.Te2 Se5 19.dxe5 dxe5 (19. . . .Kd7 20.exd6 Dg6 21.Dxb7 ±; 19. . . .d5 20.Dh5 ±) 20.Dxb7 Db6† 21.Dxb6 axb6 22. gxh4 Kd6 +=.

16.e6 De7 17.gxh4 Dxh4 18.Lh5 Sf6 19.Dxf6† Dxf6 20.Txf6 Tg8†

Diagramm 80

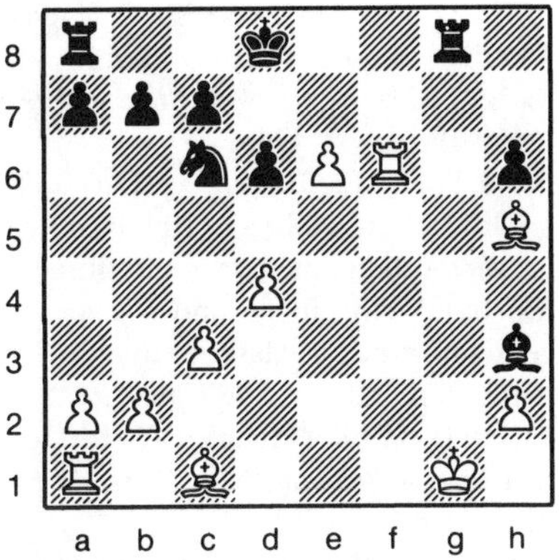

Stellung nach 20. . . .Tg8†

Die Position des Diagramms wird unterschiedlich beurteilt (=+ „Enzyklopädie", ± Estrin/Glaskow). 21. Kf2 (21.Tg6?!) Ke7 (21. . . .Tg2† 22.Kf3 Ke7 23.Tf7†!) 22.Txh6 (22. Tf7† Kxe6?! 23.Lf4 mit kaum zu parierenden Drohungen) 22. . . . Taf8† (22. . . .Tg2†?! 23.Kf3 Tg1 24.Lf4!, und Weiß ist klar im Vorteil, E/G) 23.Lf3 +=.

B Die moderne Behandlung 8. . . .Lh3 (Alapin)

(s. Diagramm 75)
8. . . .Lh3
Dem früher so selbstverständlichen 8. . . .g4 ist in dem Textzug eine ernsthafte Konkurrenz erwachsen. Die Nachziehenden beginnen offenbar einzusehen, daß das statische 8. . . .g4 dem Gegner die Initia-

tive (und eine große Auswahl an Plänen) überläßt.

9.gxf4

a) 9.Tf2? Sf6 10.gxf4 Sxe4 11.Te2 d5 12.fxg5 Dd7! 13.Sbd2 Dg4† 14.Kh1 0-0-0 15.Lb5 Sxd2 16. Sxd2 Lg2†! —+, *Sebastian - Szegedy,* Budapest 1946.

b) 9.Te1!? fxg3! (9. . . .Dd7 10. gxf4! s. Text) 10.hxg3 (10.Db3 Df6) ist vermutlich spielbar, denn immerhin hat Weiß ein gesundes Bauernzentrum und gewisse aktive Möglichkeiten. 10. . . .Dd7 (10. . . .Sf6 11.Db3) 11.b4 (11.Le3 Sf6 12.De2 Sg4 *Levy - Bisguier,* New York 1956).

9. . . .Dd7

Schwarz sollte das Qualitätsopfer annehmen: 9. . . .Lxf1 10.Dxf1

a) 10. . . .gxf4 11.Lxf4 Df6 12. Lg3 0-0-0 13.Sbd2 Sge7 14.Dh3† Kb8 15.Tf1 Dg6 16.Sh4 Dh7? 17. b4! mit heftigem Angriff, *Spielmann - Grünfeld,* Karlsbad 1923. Richtig ist 16. . . .Dg5, und nach 17.Shf3 Dg6 18.Sh4 (18.Kh1!?) kann sich ein Remis durch Zugwiederholung ergeben.

b) 10. . . .g4 11.Se1 f5 12.Le6 fxe4 13.Db5 Sf6 14.Dxb7 Se7 15. Sd2 Db8 16.Da6 ∞, *Angelov - Atanasov,* Bulgarien 1970. Oder 11. . . .Dd7 (11. . . .Sge7 12.f5! d5 13.f6! mit gutem Spiel für Weiß; 13.Le2? Lxd4† 14.cxd4 dxe4) 12. Sg2 f5 (12. . . .Sf6 13.Ld3; 12. . . . 0-0-0 13.d5!?) 13.e5 d5 14.Ld3 (Lb3) Sge7 15.Sh4, und Weiß hat trotz des Materialdefizits eine gute Stellung.

10.Te1!

(s. Diagramm 81)

Diagramm 81

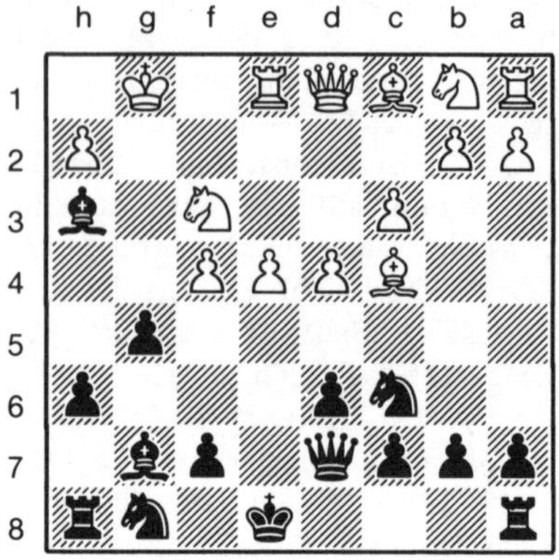

Stellung nach 10.Te1!

Ein relativ neuer Zug — der weiße König soll sich selbst verteidigen, indem er (durch den „Geheimgang" f2-e3-d3) in die Brettmitte flüchtet, im Vertrauen auf die Stabilität des eigenen Bauernzentrums. Dieses Motiv ist beispielsweise aus dem Steinitz-Gambit (und dem Cunningham-Gambit) bekannt.

10.Tf2 (10.f5? Lxf1 11.Dxf1 Sge7) 10.. . .Sf6 11.De1 0-0-0 12.Lb5 (12.f5 d5!; 12.e5 dxe5 13.Sxe5 Sxe5 14.fxe5 Dg4† 15.Kh1 Se4 16.Te2 Lxe5! 17.Sd2 Txd4! 18. cxd4 Lxd4 —+ *Issler - Eggmann,* Korr. 1966) 12. . . .The8! 13.Sbd2 gxf4 14.Kh1 Sxe4! 15.Sxe4 d5! ∓ (Analyse Glaskow).

10. . . .Dg4†

Schwarz nimmt die Herausforderung an. 10. . . .0-0-0 11.Kh1 Sf6 12.Lb5?! (12.d5) The8 13.d5 Sxd5 14.Dxd5 Dg4 15.Df5† Dxf5 16. exf5 Txe1† 17.Sxe1 (1:0, 38) *P. Bücker - Ehrke,* 1981.

11.Kf2 Dg2† 12.Ke3 gxf4†

12.. . .Sf6 13.De2! Sg4† 14.Kd3

ist angenehm für Weiß, z. B. 14. . . . Sf2† 15.Kc2! Lg4 16.Sbd2 Lxd4 17.cxd4 Sxd4† 18.Sxd4 Lxe2 19. Txe2 ±.

13.Kd3

Noch ist der weiße König nicht in Sicherheit, denn es wird bald f7-f5 geschehen. Aber jetzt treten auch die Schwächen des Gegners am Königsflügel in den Vordergrund (g-Linie!). 13.Kxf4? h5 wäre offensichtlich fehlerhaft.

13. . . .Lg4 14.Tg1!

Diagramm 82

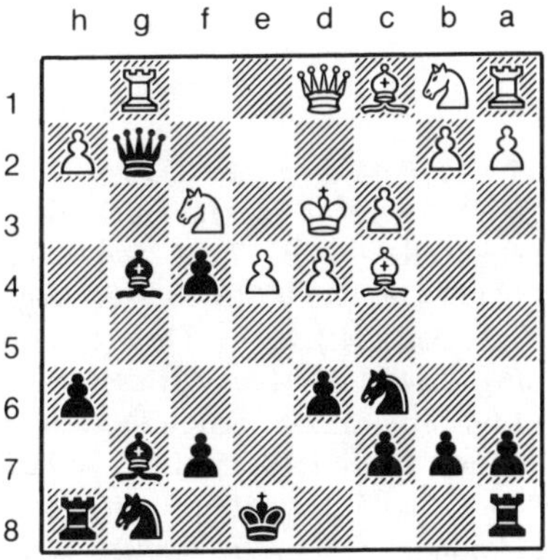

Stellung nach 14.Tg1!

14. . . .Dh3, und Weiß hat zwischen zwei Fortsetzungen zu wählen:

a) 15.Sbd2 Sge7 (15. . . .f5! Schubert) 16.Df1 Dxf1† 17.Sxf1! f5 18.Sh4 fxe4† 19.Kxe4 d5† 20. Lxd5 Sxd5 21.Kxd5 0-0-0† 22.Ke4 h5 23.Kxf4! (23.Lxf4 Sxd4! Milner-Barry) 23. . . .Sxd4 24.cxd4 Txd4† 25.Kg3 Td1 26.h3! Le5† 27.Kg2 Le2 28.Kf2? Lxf1 29.Txf1 Tf8† —+ (0:1, 45) *Yeo – Milner-Barry*, Guernsey 1977. Weiß hätte 28. Sg6! Tg8 29.Kf2! Txg6 30.Txg6 Lxf1 31.Tg8† Kd7 32.Td8†! Kxd8 33.Lg5† Ke8 34.Txd1 Lxh3 35. Te1 spielen können, was das Ergebnis umkehrt (Analyse Milner-Barry).

b) 15.Df1 (Schubert) Dh5 (15. . . . Dxf1† 16.Txf1 f5 17.Sh4 =) 16. Lxf4 Lxf3 (16. . . .f5 17.e5) 17. Txg7 Lxe4† 18.Kxe4 d5† (soweit eine Analyse von Schubert) 19.Ke3 (19.Lxd5? Sf6† 20.Kd3 Df5†) 19. . . .dxc4 20.Lxc7 Sge7 21.Kd2, etwa =.

C Der „klassische“ Weg zum Hanstein-Gambit: 3. . . .g5

Die Abschnitte A und B haben die Analyse der Schlüsselstellung nach 8.g3 (Diagramm 75) vorweggenommen, und die dahin führenden Züge sollen nun näher erörtert werden. Es handelt sich um naheliegende und leicht verständliche Entwicklungszüge, welche sich zum Teil auch umstellen lassen. Die Reihenfolge ist aber weniger beliebig, als viele glauben (manche Theoriebücher straffen und vereinfachen hier allzu stark). Das Variieren der Zugfolge kann zu leichten Verschiebungen und Veränderungen führen — nicht unbedingt konkrete Verbesserungen im Vergleich zu A und B, jedoch zweifellos wertvolles Ausgangsmaterial für partietaktische Überlegungen. Ein Paradebeispiel ist ja 3. . . . d6 (Kapitel X), um das Kieseritzky-Gambit (3. . . .g5 4.h4) zu umgehen; in ähnlicher Weise haben auch andere Alternativ-Zugfolgen jeweils ihre spezifischen Vor- und Nachteile. Ob man nun die Kernvarianten A/B anstrebt oder von ihnen den Gegner mit Feinheiten und Abweichungen abzudrängen trachtet — es kann nur von Vorteil sein, sich eine individuelle Marschroute zurechtzulegen.

(1.e4 e5 2.f4 exf4 3.Sf3).

3. . . .g5 4.Lc4 Lg7

a) 4. . . .h6 (4. . . .f6? 5.Sxg5) siehe Becker-Verteidigung (Kapitel X), z. B. 5.Se5? Th7 6.d4 Sc6!.

b) 4. . . .d6? ist fehlerhaft (bei Kortschnoi/Sak wird irrtümlich diese Zugfolge angegeben): 5.h4 g4 6.Sg5 Sh6 7.d4 mit weißem Vorteil, z. B. 7. . . .Lg7 8.Lxf4 Sc6 9.Le3 De7 10.Sc3 Le6 11.d5 Se5 12.dxe6 Sxc4 13.Ld4 Sxb2 14.Lxg7! Sxd1 15.Sd5! +— (Blitzpartie *Bücker – R. Hess*, 1984); 7. . . .f6 8.Lxf4 fxg5 9.Lxg5 *Morphy – Tilgman*, 1859.

c) 4. . . .g4 (oder 4. . . .d5 nebst 5. . . .g4) siehe Muzio-Gambit (Kapitel VII u. VIII).

d) 4. . . .De7 (4. . . .c6 5.h4 g4 6. Se5 oder 5.0-0 Bilguer) 5.d4! Dxe4† 6.Kf2 Df5 7.Te1† Le7 8.Te5 Dg4 9.Lxf7† mit Vorteil (Bilguer).

e) 4. . . .Sc6 (Tschigorin) ist beachtlich (dieselbe Position kann auch aus dem Läufergambit entstehen: 3.Lc4 Sc6 4.Sf3 g5 usw.) und wird nach 5.0-0 (5.d4 Lg7) 5. . . .d6 6.d4 Lg7 Zugumstellung. 5.h4? g4 6.Sg5 Se5! ist ungünstig, *Mieses – Tschigorin*, Wien 1903.

5.0-0

(s. Diagramm 83)

Diagramm 83

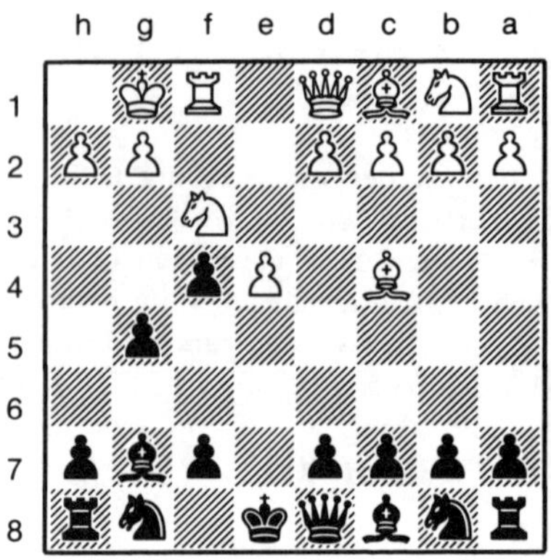

Stellung nach 5.0-0

5.h4 h6 6.d4 d6 ergibt das Philidor-Gambit (wird in diesem Buch nicht behandelt), z. B. 7.c3! Sc6 8.0-0 (8.Db3 De7 9.0-0 Sf6 10.hxg5 hxg5 11.Sxg5 Sxd4!) 8. . . .De7 (8. . . . Sf6) 9.a4 Ld7 10.a5 (Sa3) 0-0-0 11.b4 Sb8 12.b5 Sf6 13.e5 dxe5 14.La3 De8 15.Sxe5 Le6 16.Sd2 Sd5 17.Lxd5 Txd5 18.b6 mit Komplikationen (=+), in denen Weiß schließlich die Oberhand behielt; *Anderssen – Riemann*, Breslau 1875. Man sollte einen Übergang ins Philidor-Gambit (mit h2-h4) vor allem dann erwägen, wenn Schwarz einen etwas unregelmäßigen Aufbau wählt (z. B. mit c7-c6).

5.d4 d6 (5. . . .h6 6.Sc3 Sc6 7.Sd5!? [1:0, 19], *Aljechin – Mikulka*, Blindsimultan 1928) 6.c3 (6.0-0 siehe Hauptvariante; 6.Sc3 Sc6 7.Sd5 *Pillsbury – Schlechter*, Wien 1903, 7. . . .g4! 8.c3 gxf3 9.Dxf3 Le6) 6. . . .h6 (am einfachsten) 7.0-0

siehe Kapitel X. Anstelle von 6. . . . h6 sind auch andere Züge möglich: a) 6. . . .g4 (laut „Bilguer" am besten) 7.Sg1! Dh4† 8.Kf1 Lh6, und der Bilguer räumt Schwarz Vorteil ein. Interessant ist aber 9.Sa3 (Absicht 10.g3 fxg3 11.Kg2), z. B. 9. . . . Dh5 10.Se2 f3 11. Sg3, ∞ (Vgl. 5. . . .g4).
b) 6. . . .c6?! 7.0-0 (oder 7.Db3 De7 8.Sxg5, analog zur folgenden Variante) 7. . . .h6 (7. . . .De7 8. Sxg5) 8.g3 g4 9.Lxf4 gxf3 10.Dxf3 Sf6 (10. . . .Df6! +=) 11.Lxd6! ± *Stanley – Löwenthal* (ca. 1860).
c) 6. . . .Sc6 7.Db3!? De7 8.Sxg5 Dxg5 9.Lxf7† Kd8! 10.0-0!, und der Angriff entschädigt für das geopferte Material (Bilguer). Nachzutragen ist noch (nach 5.d4): **5. . . . g4?** 6.Sg1 Dh4† 7.Kf1 Sc6 8.c3 Lh6 9.Sa3 a6 10.g3! fxg3 11.Kg2 ist günstiger für Weiß, *Tschigorin – Sellmann,* London 1883.

5. . . .d6

Zur gleichen Position führt 5. . . . Sc6 6.d4 d6. Falls jedoch 6. . . .h6, so kommt als zusätzliche Möglichkeit in Betracht: 7.g3 g4 (7. . . .d6 siehe Kapitel X) 8.d5 (8.Se5?! Lxe5 9.dxe5 f3! 10.Lf4 De7 11.Dd5 Sb4 12.Dd4 Sxc2 13.Df2 Sxa1 14.Sc3 ∞) 8. . . .Sa5 9.Sfd2 Sxc4 10.Sxc4 b5 ∞. Der Textzug scheint besonders vielseitig und wird daher in der Praxis bevorzugt. Einige Theoretiker empfehlen 5. . . .h6 (behält sich d7-d5 vor) 6.d4 Se7!?, z. B.:
a) 7.g3 d5! 8.exd5 fxg3 9.Se5 gxh2† 10.Kh1 0-0 11.Sxf7!.

(s. Diagramm 84)

Diagramm 84

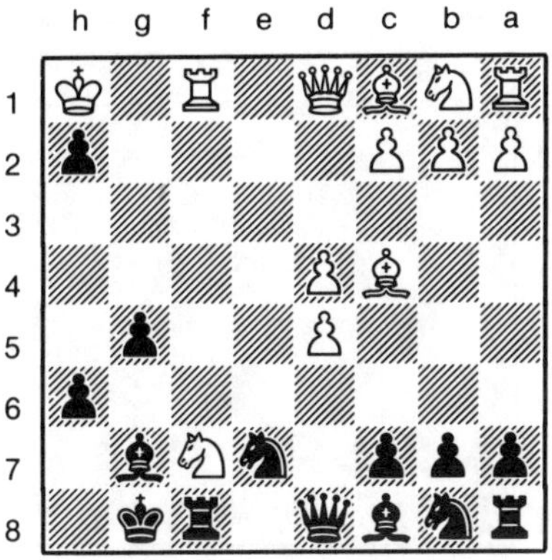

Stellung nach 11.Sxf7!

11. . . .Txf7 (11. . . .De8 12.Sxh6† Kh7 ECO 13.Ld3†) 12.Txf7 Kxf7 13. Lxg5! Kg6 (13. . . .hxg5?!) 14.Lh4 Lf5 15.De2 mit ausreichender Kompensation (ECO).
b) 7.Sc3 (Keres) d6 8.g3 Sbc6 9. gxf4 g4 10.d5 *(Lewin – Samichowski,* 1959) 10. . . .gxf3 11.dxc6 Lg4 12.Kh1 Sxc6 ∓ ECO. Gleichzeitig eröffnet aber 5. . . .h6 auch dem Weißen neue Möglichkeiten:
a) 6.d3?! d6 (Se7) 7.g3 g4 8.Lxf4 (8.Sh4 =+) gxf3 9.Dxf3 De7 10. Sc3 Le6 11.Sd5 Dd7 ∓ *Hamppe – Steinitz,* Wien 1859.
b) 6.g3 Sc6 (6. . . .d6 7.d4 siehe Kapitel X; 6. . . .Se7) 7.gxf4 g4 8.Se1 (8.Se5!? Lxe5 9.fxe5 Sxe5 10.Le2 Dh4! 11.De1 oder 11.Tf4 Sf6) 8. . . . Ld4† 9.Kh1 Dh4 10.De2 +=.

6.d4

(s. Diagramm 85, S. 86 oben links)

6.c3 (6.Sxg5? ist nicht korrekt; 6.g3?! Lh3) 6. . . .Sc6 (6. . . .h6) 7.Db3 De7 8.d4 a6? (8. . . .h6!;

Diagramm 85

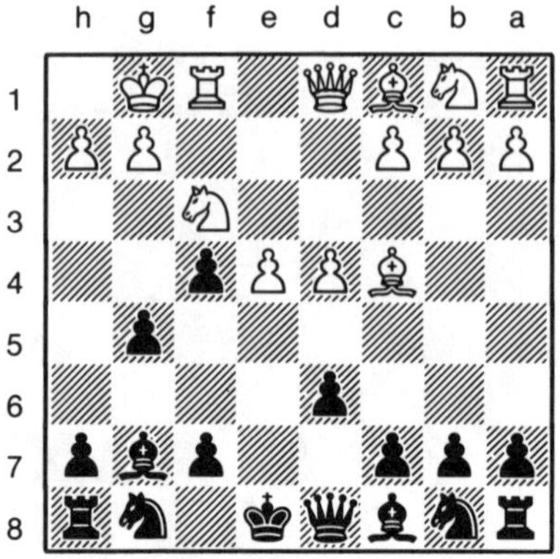

Stellung nach 6.d4

8. . . .Sf6? 9.Sxg5! Sxe4 10.Lxf7† Kd8 11.Sxe4 Dxe4 12.Lxf4 Lh3 13. gxh3 Sxd4 14.Sd2, und Weiß gewinnt, *Morphy – Anderssen,* Paris 1858) 9.Sxg5! Dxg5 10.Lxf7† Kd8 11.Lxf4 De7 12.Lxg8 usw. *Morphy – Anderssen,* Paris 1858.

6. . . .Sc6!

Nach 6. . . .h6 entsteht eine Hauptstellung aus Kapitel X.

6. . . .Le6 (Neumann) 7.Lxe6 fxe6 8.c3 h6 9.Db3 Dc8 10.h4 Lf6 (10. . . .g4 Bilguer) 11.e5 Le7 12.exd6 cxd6 13.Te1 += *Lasker – Sauter,* 1900.

7.c3 h6

Praktisch erzwungen (Bd4 war zu decken; 7.c3 drohte 8.Db3 De7 9. Sxg5 oder 8.Sxg5).

Jetzt entsteht nach dem Routinezug **8.g3** die (bereits behandelte) **Schlüsselposition** des Hanstein-Gambits (**Diagramm 75**).

8.h4 ist eine Hauptstellung des Philidor-Gambits.

Kaum bekannt ist die folgende „langsame" Behandlung aus der Partie *Steinitz – Neumann,* Paris 1867. Denn als „charakteristisch" für das alte Königsgambit gilt noch immer die direkte, naive Angriffsaktion. Dabei haben die Meister des vorigen Jahrhunderts das Königsgambit nicht selten als ein positionelles Bauernopfer interpretiert.

8.Db3!? De7

8. . . .Dd7!? ist interessant, z. B. 9.h4 Sa5 10.Db4 Sxc4 11.Dxc4 f6 (11. . . .De7 12.hxg5 hxg5 13.Db5†), ∞. Wir weisen aber auf die andere Zugfolge 6.c3 Sc6 (6. . . .h6) 7.Db3 De7 8.d4 (Morphy) hin (Anmerkung zum 6. Zug von Weiß).

9.Sa3 Sf6 10.Ld3

Der weitere Verlauf der Partie *Steinitz – Neumann:* 10. . . .Sh5?! (10. . . .0-0!) 11.Ld2 0-0 12.Lc2 (12.Tae1 nebst Lb1, Dc2. Bilguer) 12. . . .a6 13.Dc4 Kh8 14.Tae1 Dd8 15.g3 g4 16.Sh4 f3 17.Dd3 Sf6 18.h3 (18. Sxf3!?) Se7 19.Sc4 (19.hxg4!, Bilguer) b5 20.Se3 h5.

Diagramm 86

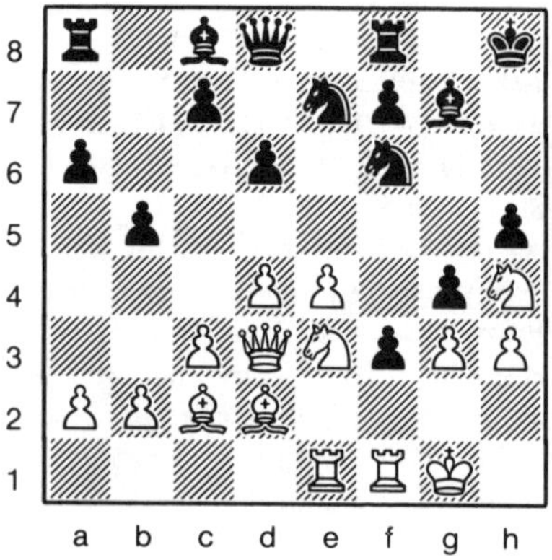

Stellung nach 20. . . .h5

21.Seg2?! (21.Sd5) c5! (21.. . .fxg2

22..Txf6!) 22.Lb1 fxg2 23.Txf6 Lxf6 24.e5 Sg6 25.exf6 Dxf6 26.dxc5 gxh3 27.c4 Kg8 28.Lc3 bxc4 29.Dd5 Lb7! 30.Dxh5 Tfe8, und Schwarz gewann (0:1, 56).

Fazit: *Das Hanstein-Gambit ist zwar reich an verwickelten taktischen Motiven, doch zum rein kombinatorischen Schlagabtausch kommt es relativ selten. Trotz der asymmetrischen Bauernstruktur trägt das Spiel phasenweise oft geschlossenen Charakter. Mit bloßer Variantenkenntnis ist es da nicht getan; viel wichtiger ist, sich durch eigenes Analysieren ein Gefühl für die Gefahren und Chancen zu erwerben. In der Regel wird der Weiße als 2.f4-Spezialist mit der komplizierten Lage besser vertraut sein. Die Theorie des Hanstein-Gambits ist noch ziemlich lückenhaft (d. h. ausbaufähig) – ein dankbares Betätigungsfeld zum Forschen und Experimentieren (mehr noch als im Muzio-Gambit).*
Obgleich die bisherigen Erfahrungen (Hauptvarianten A, B) eher auf Ausgleich denn auf weißen Vorteil hinweisen, sind die praktischen Schwierigkeiten des Verteidigers nicht zu übersehen (Fülle an Varianten und Zugumstellungen; Überleitungen ins Philidor-Gambit). Außerdem könnte Weiß 3. . . .g5 mit 4.h4!? g4 5.Se5 (Kieseritzky-Gambit) oder 5.Sg5 (Allgaier-Gambit) beantworten (was auch die Attraktivität des Muzio-Gambits herabsetzt). Um wenigstens letzteres auszuschließen, ließe sich 3. . . .d6 (Fischer; Kapitel X) versuchen. Allerdings räumt Schwarz mit dieser Zugfolge dem Gegner neue Angriffsmöglichkeiten ein.

Kapitel X
Hanstein-Gambit, Fischers Zugfolge (3. . . .d6)

1.e4 e5 2.f4 exf4 3.Sf3 d6
3. . . .h6 **(Becker)** verfolgt die gleiche Zielsetzung, dem Weißen im Vergleich zu Kapitel IX die Möglichkeit 3. . . .g5 4.h4 zu nehmen (Kieseritzky-Gambit, Allgaier-Gambit). Der Textzug ist dazu aber besser geeignet; **3. . . .h6 4.d4 g5** ist weniger zuverlässig und ermutigt zu Widerlegungsversuchen:
a) 5.h4 Lg7 6.hxg5 (6.g3 d5!) hxg5 7.Txh8 Lxh8 8.g3 d5! 9.gxf4 g4 10.Sg5 f6 11.f5 fxg5 12.Dxg4 Lxd4 13.Sc3 Lxc3† 14.bxc3 De7 (ECO), und nun geben Estrin/Glaskow 15.Lxg5! Dxe4† 16.Dxe4 dxe4 17.Lc4 Lxf5 = an.
b) 5.Sc3 d6 (5. . . .Lg7 6.g3) 6.g3 fxg3 (6. . . .Lg7!?) 7.h4! g4 8.Sg1 g2 (8. . . .Le7 9.Lg2 Lxh4 10.Lf4 Df6 11.Dd2; 8. . . .Df6 9.Le3 Se7 10.h5!) 9.Lxg2 Le7 10.h5 +=.
c) 5.Lc4 Lg7 (5. . . .d6 siehe Textvariante) 6.g3!?.

Diagramm 87

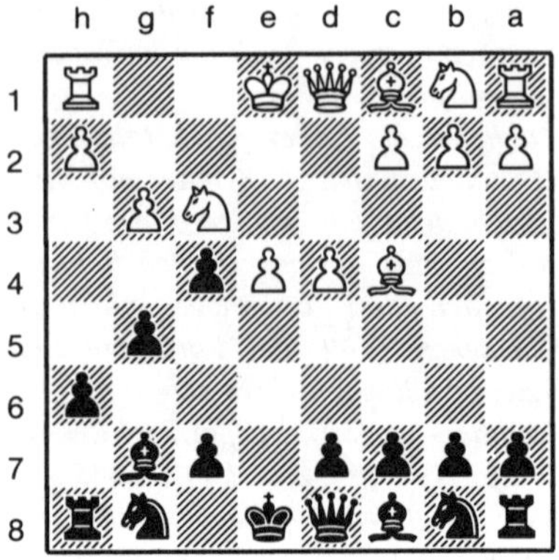

Stellung nach 6.g3!?

c1) 6. . . .fxg3?! (6. . . .d6 7.gxf4 g4 8.Sg1 Sf6 9.Ld3; 7.0-0) 7.hxg3 d5 (7. . . .d6 nebst Lg4) 8.Lxd5 c6 9.Lb3 Lg4 (9. . . .g4 10.Sh4 Dxd4 11.De2 nebst Sc3, Le3/d2 mit klarem Vorteil für Weiß) 10.e5! (behindert die gegnerische Entwicklung und droht Sd2-e4-d6†) 10. . . .Dc7 (10. . . .Lxe5 11.Lxf7† Ke7 12.0-0 Lxf3 13.Dxf3 Lxd4† 14.Le3) 11. Sbd2 Sa6 12.0-0 0-0-0 13.De1!.

Diagramm 88

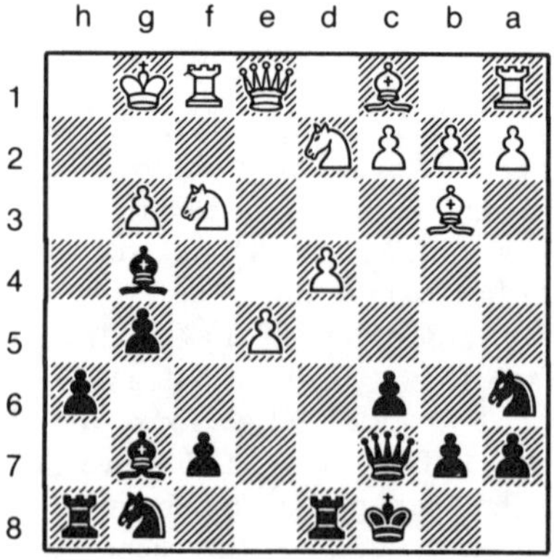

Stellung nach 13.De1!

13. . . .f6?! 14.Sc4 ± Lf8 15.Ld2 Te8 16.a4 Dd7 17.Df2 f5 18.e6 Dc7 19.Sfe5 Sf6 20.Tfe1 Sb4? (f4!?) 21. Sg6 +— (1:0, 34) *Bücker – Könle,* 1981.

c2) 6. . . .d5 7.exd5 Se7 8.Sc3 c6 9.gxf4 b5 10.Lb3 b4 11.Se2 g4 12. Se5 cxd5 13.La4† Kf8.

Diagramm 89

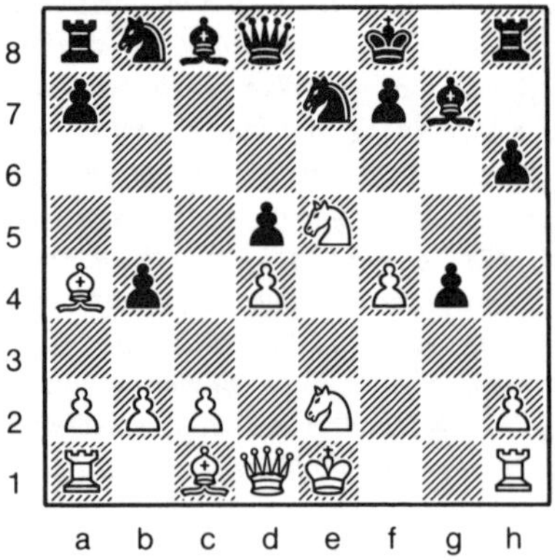

Stellung nach 13. . . .Kf8

14.f5! Sxf5 15.Lf4 Sh4 16.0-0 Db6 17.Kh1 Le6 18.Dd2 Kg8 19.Tae1 h5 20.Lg3 Sf5 21.Dd3 Sxg3† 22.Sxg3 Dd8 23.Sf5? (23.Db5 +—) 23. . . . Lxe5 24.Txe5 (1:0, 38), *Bücker – R. Weber,* 1982.

d) 5.g3 fxg3 (5. . . .d5 6.Sc3 oder 6.De2) 6.Sc3! d6 (6. . . .Lg7 7.hxg3 d5 8.Sxd5 Lg4 9.Lc4 Sc6 10.Le3 Dd7 11.c3 0-0-0 12.0-0 ± *Spasski – Gibbs,* Leningrad 1960); 6. . . .g4 7.hxg3! oder 6. . . .gxh2 7.Txh2 mit starkem Angriff) 7.h4 g4 8. Sg1 (Zugumstellung zu Variante b) +=.

Zurück zum Hauptthema dieses Kapitels (**3. . . .d6**).

4.Lc4!

4.d4 g5 (4. . . .Sf6?! 5.Sc3 Sh5 6. Le2 Lg4 7.0-0 g6 8.Se1 Lxe2 9.Sxe2 Lg7 10.Sd3 += Kennaugh) 5.Lc4?! (5.h4 g4 6.Sg1! ist notwendig; diese gute Behandlung von 3. . . .d6 erfreut sich einiger Beliebtheit.) 5. . . . g4! (wegen der Stärke dieses Zuges bildet 4.d4 keine legitime Zugumstellung zur Textvariante.) 6.0-0?! (6.Lxf4) 6. . . .gxf3 7.Dxf3 Df6! =+ (0:1, 24) *Calvo – Gligoric,* Montilla 1977.

4. . . .h6

Diagramm 90

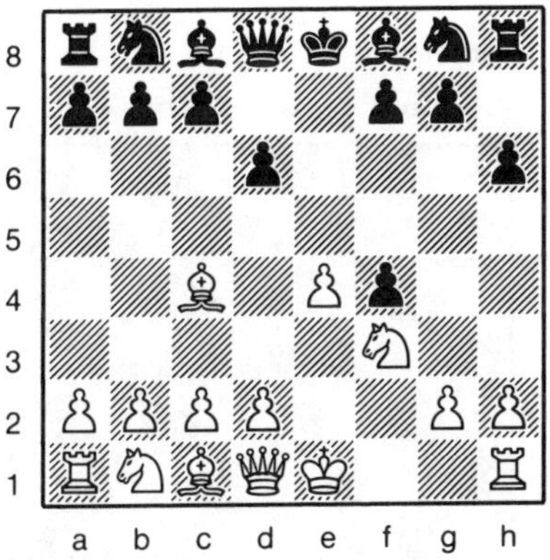

Stellung nach 4. . . .h6

Sonstiges:

a) 4. . . .Le7? 5.d4 Sf6 6.Sc3 0-0 7.Lb3 d5? 8.e5 (1:0, 23) *Arnason – Kusmin,* Reykjavik 1978.

b) 4. . . .g5? 5.h4! usw. (siehe Kapitel IX, 3. . . .g5 4.Lc4 d6?).

c) 4. . . .Le6!? 5.Lxe6 fxe6 6.d4 Sc6? (6. . . .Df6! ist laut Larsen „unklar". 7.e5, Euwe, oder 7.Dd2! e5 8.Dc3 +=) 7.Lxf4 Sf6 8.Sc3 Dd7 9.0-0 0-0-0 10.d5 (1:0, 30), *Bücker – Beckmann,* 1978.

5.d4

5.0-0 g5 6.g3?! Lh3 7.Tf2 Lg7 8. d4 Sc6! (8. . . .Sf6?! 9.Sc3 0-0 10. gxf4 g4 11.Se1 Sxe4 12.Lxf7†, und Weiß gewann, *Hartston – Glauser,* 1965) 9.c3? (9.Lb5!? *Kortschnoi – Malich,* 1972, oder 9.gxf4 g4 10.d5 sind die kritischen Fortsetzungen — siehe Text, Kommentar zum 7. Zug von Schwarz) 9. . . .Sf6 ∓ (Zugumstellung zu Kapitel IX, B, 9.Tf2?).

5. . . .g5 6.0-0

Infolge der von Schwarz gewählten Zugfolge war ein Zurückstellen von h7-h6 (wie in Kapitel IX, C) nicht möglich. Diese leicht veränderte Situation (h6 statt Lg7 oder Sc6) sollte der Angreifer auszunutzen suchen. Also nicht einfach 6.0-0 Lg7 7.c3 Sc6 (Zugumstellung zum vorigen Kapitel), wie von fast allen Autoren angegeben, sondern „frühes" g2-g3 (im 6. oder 7. Zug).

Besonders interessant ist **6.g3!?**:

Diagramm 91

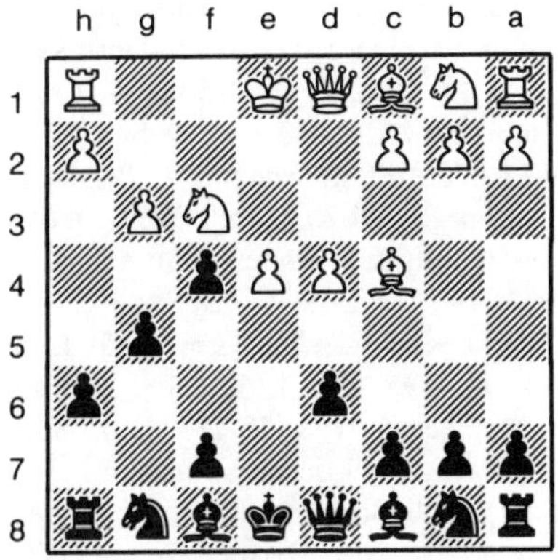

Stellung nach 6.g3!?

a) 6. . . .Sc6! 7.gxf4!? (7.0-0 Lg7 führt zurück zur Textvariante, 7. . . . Sc6 — Partie *Arnason – Larsen)* 7.

. . .g4 8.Sg1 Dh4† 9.Kf1 Sf6 10.Sc3 g3! 11.Kg2 gxh2 12.Txh2 Tg8† 13.Kh1.

Diagramm 92

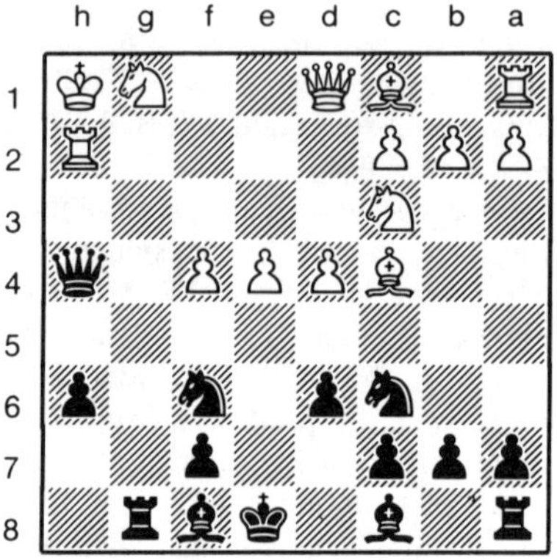

Stellung nach 13.Kh1

13. . . .Dxh2†! (13. . . .Dg3 14. Le2 Sg4 15.Lxg4 Lxg4 16.Dd3 Dxd3 17.cxd3 Sxd4 18.Sd5, und laut Thimann ist Schwarz in Schwierigkeiten) 14.Kxh2 Sg4† 15.Dxg4 Lxg4 16.Sd5 0-0-0 17.c3 Le7 18.Se3 Tdf8 19.Ld2, und in *Spasski – Portisch,* Budapest 1967, stand Weiß trotz des Qualitätsverlustes nicht schlechter: 19. . . .Sd8 = 20.Sxg4 Txg4 21.Lf1 Kb8 22.Lh3 Tg7 23.d5! Lh4 24.Tf1 Te8 25. Lf5 Teg8 26.Lh3 f5?! 27.exf5 Te8 28.Tf3 (1:0, 56). In Betracht kommt (nach 6. . . . Sc6!) schließlich noch der Abwartezug 7.c3?!, zum Beispiel 7. . . .Ld7! (7. . . .Lg7 8.gxf4!?) 8.0-0 Sa5 9. Ld3 g4 10.Sh4 f3 11.b4 Sc6 12.b5 Sa5 ∓ 13.Sd2 Lg7 14.e5 dxe5 15. Sdxf3 gxf3 16.Dxf3 Le6 17.Sg6 Dd7 18.Sxh8 Lxh8 19.La3 0-0-0 20.Lb4 Sc4 21.De2 Sb6, und Schwarz gewinnt, *Ree – O'Kelly,* Bad Pyrmont 1971.

b) 6. . . .g4 7.Sh4 f3 8.Sc3 (8.Lf4 Sd7? 9.Dd3 Df6 10.Sc3 c6 11.0-0-0 Sb6 12.e5 dxe5? 13.dxe5 De7 14. Lxf7†! 1:0, *Harter – Kapisch,* Stuttgart 1955) 8. . . .Le7 9.Sxf3 gxf3 10.Dxf3 Th7? (10. . . .Le6 11.d5 Lc8 12.e5 Sd7 13.e6 Se5 14.exf7† Sxf7 15.0-0 Sf6 16.Se4 Se5 17. Sxf6† +=; 11. . . .Lh3!) 11.Tf1! Lf6 12.e5 dxe5 13.De4! Tg7 14. dxe5 ±

Diagramm 93

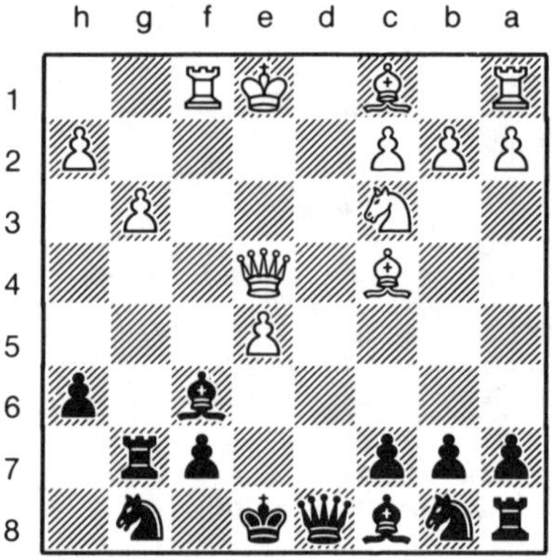

Stellung nach 14.dxe5

14. . . .Lg5 (14. . . .Le7 15.Txf7; 14. . . .Lxe5) 15.Lxg5 Dxg5 16.Sd5 Kd8 17.Td1 Lg4? 18.h4 Dg6 19.Sf4† 1:0, *Bücker – Gscheidlen,* 1982.

c) 6. . . .fxg3 7.hxg3 Lg7 8.0-0 (8.Sxg5!? hxg5 9.Txh8 Lxh8 10.Dh5 Df6 11.Lxg5 Dg7 12.Sc3 ∞) 8. . . . Le6 (kritischer ist 8. . . .Sf6 9.e5 dxe5 10.Sxe5) 9.Lxe6 fxe6 10.De2 Dd7 11.Dh2 Sf6 12.e5!

Diagramm 94

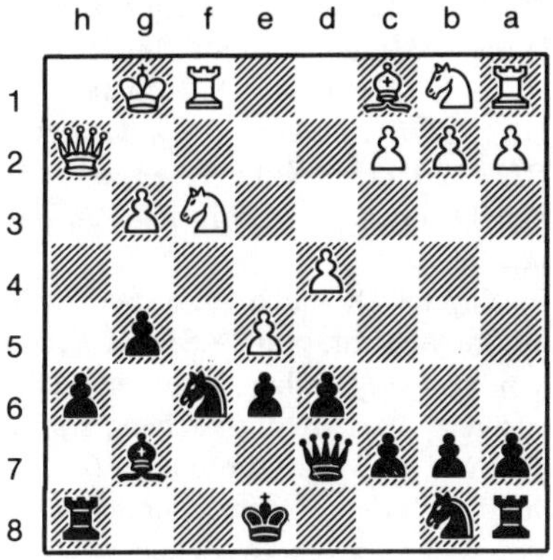

Stellung nach 12.e5!

12. . . .Se4 13.Dh5† Kd8 14.Dg4 d5 15.Sc3 Sxc3 16.bxc3 Tf8 17.La3 Tf5 18.Sd2! Sc6 19.Txf5 exf5 20. Df3 Se7 21.Tf1 De6 22.c4! c6 23. cxd5 Dxd5 24.Dxd5† cxd5 25.c4! dxc4 26.Sxc4 Kd7 27.Se3 Te8 28. Lxe7 Txe7 29.Txf5 mit klarem Endspielvorteil (1:0, 41), *Bücker – Hojda,* Budapest 1984.

Wir wenden uns wieder der Hauptvariante (**6.0-0**) zu.

6. . . .Lg7

6. . . .Lg4!? (6. . . .Sc6 7.g3 Sa5!?) 7.g3 (7.c3 c6 8.Db3 Dd7 mit guten Aussichten für Schwarz, *Glaskow – Scherman,* Moskau 1976) 7. . . .fxg3 8.Lxf7† Kxf7 9.Se5† Ke8 10.Dxg4 (10.Sxg4?!) dxe5 11.Dh5† Kd7 12. Dg4† (12.dxe5 Kc8 13.Dh3† Sd7 14.e6; 13. . . .g4!) 12. . . .Ke8! 13. dxe5 (13.Dh5† =) Dd4† 14.Kg2 Sd7 15.Td1 Da4 16.Sc3 Dc6 17.Dh5† Kd8 18.Df7 mit Vorteil für Weiß.

Nach dem Textzug ist die Position entstanden, die Schwarz auch im vorigen Kapitel leicht hätte erreichen können, z. B. mit 6. . . .h6 (statt 6. . . .Sc6!). Das dort befolgte Konzept (Verzögern von h7-h6, Erzwingen von c2-c3) scheint uns aber präziser zu sein:

7.g3!

Fischer setzte an dieser Stelle mit 7.c3 fort: „Notwendig, um Bd4 zu schützen.“ Er war wohl der Ansicht, früher oder später müsse ohnehin c2-c3 gespielt werden. Das ist aber (bei der von Fischer empfohlenen Reihenfolge!) keineswegs der Fall; nach dem Textzug ist in vielen Fällen ein Aufbau mit Sc3 günstiger für Weiß.

Auf 7.c3 stehen dem Nachziehenden übrigens außer 7. . . .Sc6 (Kapitel IX) noch zahlreiche weitere Fortsetzungen zur Verfügung:

a) 7. . . .De7 (Staunton, 1860) 8. Sa3 Sc6 (8. . . .Sd7 9.Db3 Sb6 10. Ld2 Ld7 11.Tae1 La4! 12.Lb5† Lxb5 13.Dxb5† c6 *Anderssen – v. d. Lasa,* Breslau 1845; 8. . . .a6 9.Sc2 Le6 10.Ld3 Sf6 11.b3 Sbd7 12.h3 Sb6 13.c4 Sh5 *Petersburg – Moskau,* Korr. 1878/79) 9.b4 a6 (9. . . .Sf6?! 10. b5 Sd8 11.e5! *Tschigorin – Burn,* New York 1889) 10.Dd3 Sf6 11.Ld2 0-0 12.Tae1 Lg4 13.Lb3 = *Zinkl – Carls,* Korr. 1899.

b) 7. . . .Se7 (1843) 8.g3 d5! 9.exd5 fxg3! 10.Se5 gxh2† 11.Kh1 0-0 12. Sxf7 Txf7 13.Txf7 Kxf7 14.Lxg5

(s. Diagramm 95, S. 92 oben links)

14. . . .Kg6 (14. . . .hxg5?!) 15. Lh4 Lf5 16.De2 Lf6 17.Dg2† Lg5 18.Sd2 Dd6 19.Sf3 Sd7 20.Sxg5 mit ausreichender Kompensation, *Kuind-*

Diagramm 95

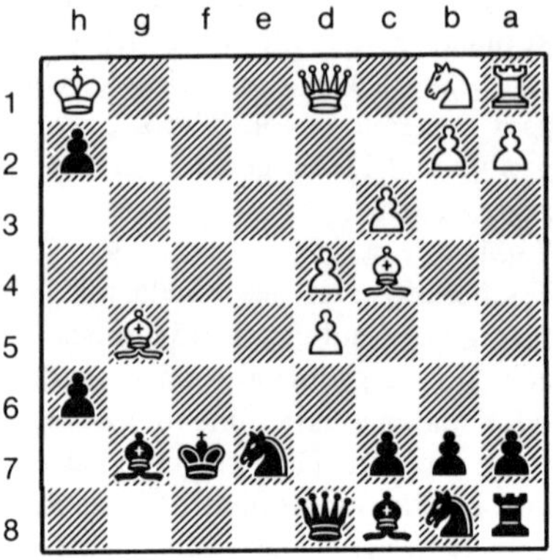

Stellung nach 14.Lxg5

schi – Menj, Batumi 1972; 10.hxg3!? 0-0 11.Se5 Dd6 12.Sd2 = Bhend.

c) 7. . . .c6 (Cochrane 1822) 8.g3 Lh3 9.Tf2 Sf6 ∞.

d) 7. . . .Sf6 (1845) 8.e5 dxe5 9.Db3 0-0 10.Sxe5 De8! 11.Sg6 b5 12.Lxb5 De4!

Diagramm 96

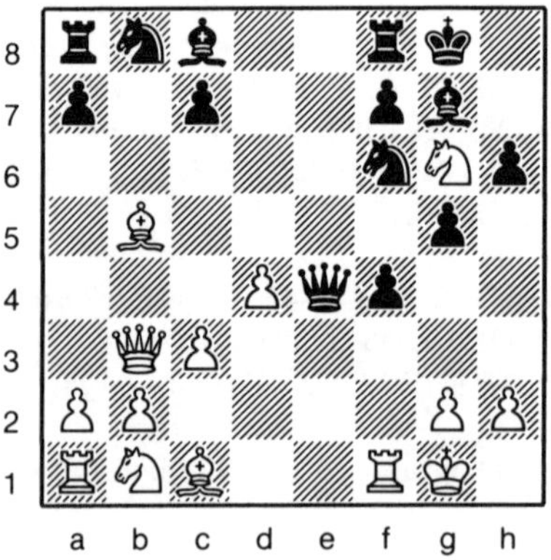

Stellung nach 12. . . .De4!

13.Se5 (13.Sxf8? Lb7 14.Tf2 Sg4 15.Te2 Lxd4†!) 13. . . .Lb7 14.Sf3 = Sg4 15.Te1 Dg6 16.Le2 Dc6 17.Ld3 Sf6 18.Dc2 Sbd7 19.Sa3 Tae8, *Blackburne – Mason,* London 1892.

e) 7. . . .Le6 (1845) 8.Lxe6 fxe6 9. Db3 Sd7! 10.Dxe6† De7 11.Dg6† Df7 12.Dxf7† Kxf7 13.g3 g4 14. Sh4 f3, etwa =, *Schiffers – Petrowski,* 1878.

In Kapitel IX (nach 6. . . .Sc6 7.c3) mußte Schwarz mit 8.Sxg5!? rechnen und zog daher 7. . . .h6. Die vorigen Varianten machen somit deutlich, daß die Umstellung 6. . . . h6 7.c3?! dem Nachziehenden den wertvollen psychologischen Vorteil einer erweiterten Auswahl (7. . . . Sc6; 7. . . .De7; 7. . . .Se7; 7. . . . Sf6) einbringt. Schon aus diesem Grunde sollte der Textzug (**7.g3!**) in der Praxis bevorzugt werden.

7. . . .g4

„7.g3 wird stets mit g5-g4 beantwortet“, Fischer. Auch der „Bilguer“ versah 7. . . .g4 mit einem Ausrufezeichen (die Variante wurde mit 8. Sh4 f3 9.c3 Lf6! 10.Sxf3 fortgeführt). Die Alternativen sind aber gleichermaßen kritisch:

a) 7. . . .Sc6 (7. . . .fxg3? 8.Lxf7† Kxf7 9.Se5† Ke6 10.Dxg4† Bilguer) 8.gxf4 (8.c3 siehe Diagramm 75; mit dieser Zugfolge hat Weiß dem Gegner immerhin die vorher erwähnten zusätzlichen Möglichkeiten nach 7. c3 genommen) 8. . . .g4 9.d5 gxf3 (9. . . .Sa5 10.Sfd2 += Larsen) 10. dxc6 Df6 11.Kh1 (11.Lb5? Dg6† 12.Kf2 Dg2† 13.Ke3 Kf8! ∓ *Arnason – Larsen,* Reykjavik 1978) 11. . . . b5! 12.Lxb5 Lh3 13.Txf3 Lg4

(s. Diagramm 97)

Larsen schätzt diese Position als

Diagramm 97

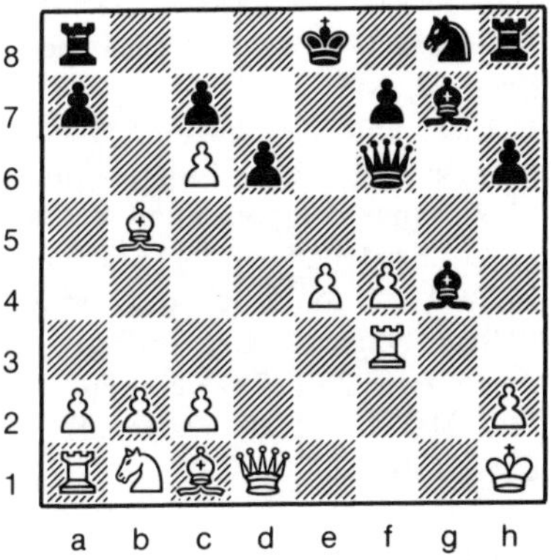

Stellung nach 13. . . .Lg4

„unklar" ein. Nach etwa 14.Df1 Lxf3† 15.Dxf3 Se7 16.Sc3 ist die weiße Stellung jedoch vorzuziehen.
b) 7. . . .Lh3 8.Tf2 (8.Te1 fxg3 9. hxg3; 8.gxf4 Lxf1 9.Dxf1 g4 10. Dg2!?; 8. . . .g4) 8. . . .Sc6 (8. . . . Sf6 9.Sc3 0-0 10.gxf4 g4 11.Se1 Sxe4 12.Lxf7†, und Weiß gewann, *Hartston – Glauser,* 1965) 9.Lb5?!

Diagramm 98

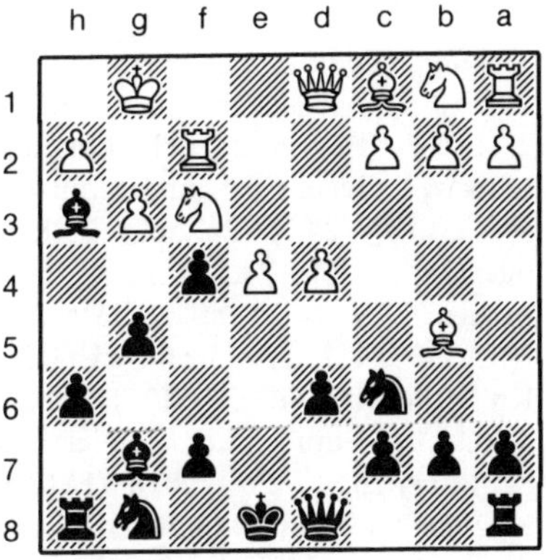

Stellung nach 9.Lb5?!

(9.gxf4 g4 10.d5, z. B. 10. . . .gxf3 11.dxc6 Dh4 12.Txf3 oder 10. . . . Sa5 11.Lb5† c6 12.dxc6 bxc6 13. Sd4 cxb5 14.Sxb5 ∞; 9.c3? Sf6 siehe Kapitel IX) 9. . . .Sge7 (9. . . .Sf6 Malich) 10.gxf4 gxf4 11.Lxf4 a6 12.Lxc6† Sxc6 13.Sc3 Dd7 14.Le3 0-0-0 15.Sh4 (*Kortschnoi – Malich,* Amsterdam 1972), und mit 15. . . . Tde8! nebst evtl. f7-f5 würde Schwarz vollen Ausgleich erzielen (Malich).

8.Sh4 f3

8. . . .Sc6!? 9.Le3 (9.c3 f3 siehe Kapitel IX) 9. . . .Sa5 (9. . . .fxe3? 10. Lxf7† +—; 9. . . .Le5? 10.dxe5 Sxe5 11.Lxf7†) 10.Ld5 c6 11.Lxf7† Kxf7 12.Txf4† Sf6 (auf 12. . . .Lf6 oder 12. . . .Ke8 folgt 13.Dd3 mit ähnlichen Ideen) 13.Dd3 mit starkem Angriff.

9.Sc3!?

Diagramm 99

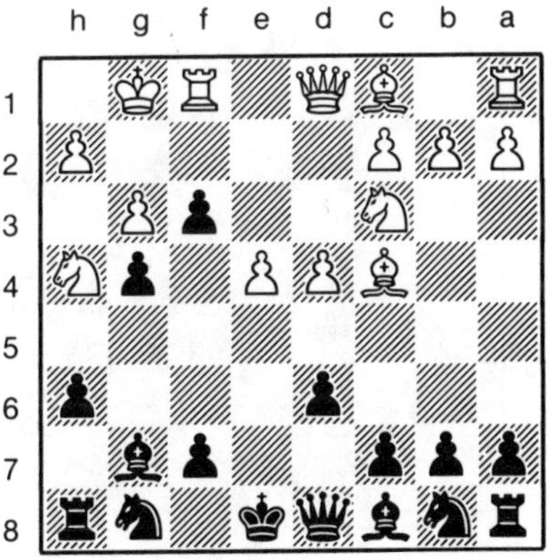

Stellung nach 9.Sc3!?

9.c3 Se7 (9. . . .Sc6, Kapitel IX) 10.Lf4 Lf6 11.Sxf3 gxf3 12.Dxf3 Sg6 13.e5 dxe5 14.dxe5 Lg7 15. Lxf7† Kf8 16.Lxg6 Ke7 17.Lg5† hxg5 18.Df7 #, *Bird – Smith,* England 1849.

Der Textzug wurde von Spasski in die Praxis eingeführt; er stellt eine interessante Alternative zum „normalen“ 9.c3 dar.

9. . . .Sc6

Mit 9. . . .Lf6 liegen noch keine Erfahrungen vor; 10.Sxf3!? (10.Sf5) gxf3 11.Dxf3 Lxd4† 12. Kg2 ist eine mögliche Variante, z. B. 12. . . . Lf6 (12. . . .Sf6 13.Sd5 Sbd7 14.c3 Le5 15.Lf4 ∞) 13.e5 dxe5 14. Sd5 Sd7 15.Dh5 Th7 16.Ld3 (16. Lg5!?) Th8 (16. . . .Tg7 17.Lxh6) mit anhaltendem Angriff für Weiß (17.Lc4; 17.Lg6?!; 17.Ld2 b6; 17. Lf5).

10.Le3

Eine wesentliche Pointe des weißen Aufbaus, denn sonst wäre Bd4 gar nicht zu verteidigen.

10. . . .Sf6

Diagramm 100

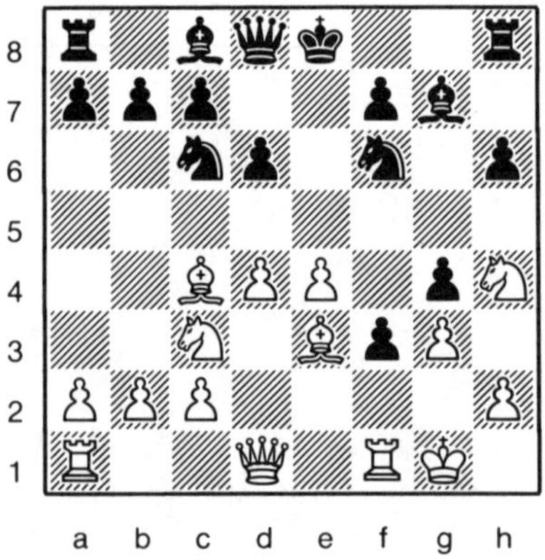

Stellung nach 10. . . .Sf6

10. . . .Sge7 11.Lb3 (11.Sxf3!? gxf3 12.Dxf3 0-0 13.Lxf7† Kh8 14.Dh5 Sg8 15.Lxg8 oder 14. . . .Dd7 15. Sd5! ∞) 11. . . .Sa5 12.h3 Sxb3 13.axb3 h5 14.Lg5 f6 15.Lf4 0-0 16. Dd3 Ld7 17.Dc4† Tf7 18.hxg4?! hxg4 19.b4 a6 20.Tfd1 Tc8 21.Td2 De8 22.Te1 Sf5 23.Sxf5 Lxf5 (0:1, 37) *Bücker – Thipsay,* Czestochowa 1984; 24.Dd5! ∞.

11.Dd2, und die Partie *Spasski – Karpow,* TV World Cup Hamburg 1982, nahm den folgenden Verlauf: 11. . . .Sxe4 12.Sxe4 d5 13.Sc3 dxc4 14.Tae1 0-0 15.d5 Se7 16.Lxh6 Sg6 17.Sxg6 fxg6 18.Lxg7 Kxg7 19. Dd4† Df6 20.Te7† Kg8 (20. . . . Tf7 21.Txf7† Kxf7 22.Dxc4) 21. Dxf6 Txf6 22.Txc7 Lf5

Diagramm 101

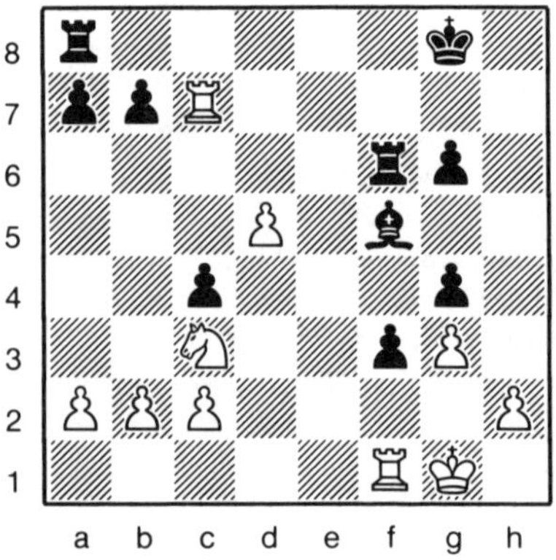

Stellung nach 22. . . .Lf5

23.Txc4? (Besser 23.Te1, um das schwarze Gegenspiel zu begrenzen. 23. . . .f2†? 24.Kxf2 Lxc2† 25.Kg1 oder 23. . . .Tb6 24.Se4 mit weißem Vorteil.) 23. . . .Te8! 24.h3?! (24. Kf2) 24. . . .Lxc2 25.Td4 gxh3 26. Kh2? (26.Td2 Te2 27.Tf2 Txd2 28. Txd2 Lf5 mit gutem Spiel für Schwarz) 26. . . .f2 27.Kxh3 Te1 28. Kg2 Txf1 29.Kxf1 Tf3 30.Td2 Ld3† 31.Txd3 Txd3 32.Kxf2. Schwarz steht auf Gewinn, doch in (beiderseitiger) Zeitnot wendete sich nochmals das „Schlachtenglück" und verhalf schließlich Spasski zum Sieg. Das Experiment 9.Sc3/10.Le3 scheint jedenfalls eine wertvolle Bereicherung für die Theorie des Hanstein-Gambits zu sein.

Fazit: *Beim Hanstein-Gambit fanden wir eine interessante Zweiteilung des Materials vor, ausgelöst von unterschiedlichen Zugfolgen des Schwarzen:*

A 3. . . .g5 (die altbewährte Reihenfolge) 4.Lc4 (4.h4 Kieseritzky- bzw. Allgaier-Gambit) 4. . . .Lg7 (4. . . . g4!? Muzio-Gambit) 5.0-0 d6 6.d4 Sc6! (6. . . .h6 siehe B) 7.c3 h6 8.g3 Klassisches Hanstein-Gambit (Diagr. 75), Kapitel IX. Schwarz kann hier h7-h6 zurückstellen und c2-c3 erzwingen.

B 3. . . .d6 (Fischer) 4.Lc4 (4.d4 g5 5.h4) 4. . . .h6 5.d4 g5 usw. ist die in Kapitel X behandelte Form des Hanstein-Gambits. Der Zug h7-h6 muß früh geschehen; Weiß kann deshalb neue Angriffswege (ohne c2-c3) einschlagen und sich dem Übergang zu A widersetzen.

Fischers 3. . . .d6 vermeidet das (relativ stabile) Kieseritzky-Gambit und ist daher ambitionierter. Nicht wenige teilen die 1961 von Fischer vertretene Ansicht, das Königsgambit sei antiquiert und inkorrekt (obgleich der Amerikaner später mehrmals selbst Königsgambit gespielt hat). Von diesem Vorurteil können die Anhänger von 2.f4 freilich nur profitieren. Objektiv stärker dürfte aber 3. . . .g5 sein, in Verbindung mit 6. . . .Sc6!. Durch 6. . . .h6 (diese Reihenfolge wird von fast allen Autoren verwendet) gerät Schwarz wiederum „nur" in Variante B.

In den „Klassischen Strukturen" (Hanstein-, Muzio- und Kieseritzky-Gambit) kann Schwarz möglicherweise Ausgleich erzielen. Doch trotz der mehr als 150jährigen Erforschung jener Abspiele sind noch immer viele Varianten unklar und umstritten. Das Königsgambit ist nun einmal eine höchst asymmetrische Eröffnung (wie auch z. B. Wolga-Gambit, Modernes Benoni, Holländische Verteidigung), und im Vordergrund stehen nicht kleine und deutlich abzugrenzende Vorteile, sondern der abwechslungsreiche, undurchsichtige Kampf. Es mag zutreffen, daß 2.f4 dem Anziehenden bei bestem Gegenspiel keinen realen Vorteil einbringt (wie übrigens auch 2.Sf3 nicht); die praktischen Erfolge sind jedoch nicht zu leugnen.

Bibliographie

1. v. Bilguer, Handbuch des Schachspiels, 1. Auflage Berlin 1843; 8. Auflage Berlin und Leipzig 1922. („der Bilguer“)

2. Snosko-Borowski, Muzio-Gambit — Analytische Untersuchungen über den Lean-Angriff, Leipzig 1911.

3. Estrin/Glaskow, Das angenommene/abgelehnte Königsgambit (2. Bde.), 1984.

4. (verschiedene Autoren) Enzyklopädie der Schacheröffnungen, Bd. C, 1. Aufl. Belgrad 1974.

5. (verschiedene Autoren) Schach-Informator 1-38, Jugoslawien.

6. Bhend, Königsgambit Bd. 1, Basel 1971.

7. Keres, Dreispringerspiel bis Königsgambit, 3. Aufl. Berlin 1974.

8. Euwe, Theorie der Schach-Eröffnungen XI-XII, 2. Aufl. Berlin 1968.

9. Thimann, King's Gambit, Nottingham 1974.

10. Kortschnoi/Sak, The King's Gambit, London 1974.

11. Weitere Bücher, verschiedene Zeitschriften (Wiener Schachzeitung 1898-1916; The Myers Openings Bulletin; etc.).